こどものためのワークショップ

その知財はだれのもの？

ワークショップ知財研究会 編

株式会社ＣＳＫホールディングス
井上理穂子
大月ヒロ子
下村　一
杉田定大
堤　康彦
寺島洋子
橋本知子
福井健策
藤　浩志
共著

アム・プロモーション

shop

目次

こどものためのワークショップ

その知財はだれのもの?

work

workshop

ワークショップの現場には、こどもたちの生き生きとした姿が溢れている
真剣なまなざし、笑顔、緊張の後の達成感に満ちた晴れやかな表情…
こどものパワーは大人をも動かす

上／「NEC×ACTION！子どもとつくる舞台シリーズ vol.3」伊藤多恵（振付家）によるダンス舞台作品「踊る！すがも地蔵通り!!」創作ワークショップ…商店街を取材する　④
中／「CAMPかぞくのひづけワークショップ」家族のあたらしい記念日。思い出が１冊の本になる日。協力：広川泰士（写真家）　③
下／かえっこバザール（かえっこバンク）金沢21世紀美術館開館記念展　作成者：藤浩志　⑤

左／「CAMPくうそう・しょくぶつ・図鑑ワークショップ」フシギな種を植木鉢に植えて、みんなのアイデアをそそぐと、どんな芽がでる？花が咲く？　③
下右／「CAMPふくのりゆうワークショップ」毎日を一緒にすごしている“ふく”ってなんだろう。今までとはちがった方法で“ふく”をつくって着てみよう。協力：西尾美也（アーティスト）　③
下左／かえっこバザール（かえっこショップ）金沢21世紀美術館開館記念展　作成者：藤浩志　⑤

右／ビニプラショー(メイキング）岐阜県(旧）上石津町・日本昭和音楽村　ビニプラ素材の衣装や小物を使って舞台を演出した映像作品「ビニプラショー」を地元小学生や住民と共同で制作。作成者：藤浩志　⑤

写真提供：
①国立西洋美術館
②こどもの城
③株式会社CSKホールディングス　CAMP
④NPO法人　芸術家と子どもたち
⑤藤浩志企画制作室

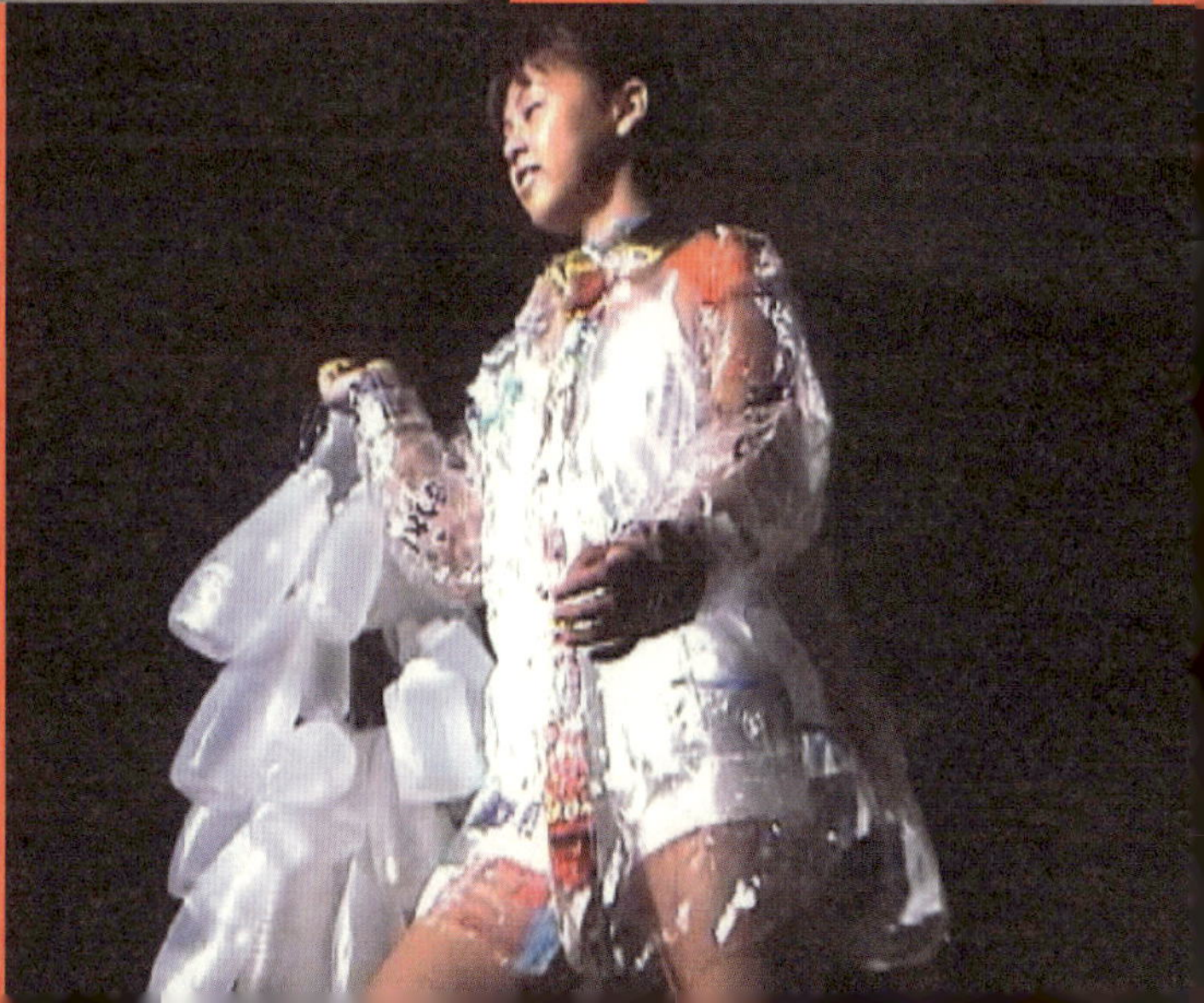

ワークショップ用に作られたツールには、実にさまざまなものがある
また、ワークショップの実践の中から生まれてきたキットもある
いずれも長い試行錯誤のたまものだ

上／こどもの城が製作した「みる・しる・つくる　アニメーション・キット」。「つくるキット」の中に入っている「ゾートロープ」。スリットのあいたドラムを回して、スリットから中を覗くとあら不思議。イラストが動いて見える。②
下／「キアロスクーロ　ルネサンスとバロックの多色木版画」（2005年）で配布したジュニア・パスポート（展覧会ガイド）。小・中学生を対象に、各展覧会ごとにチケットとして無料配布している。①

左上／常設展の宗教画を観賞するときの手助けとして、6～10才のこどもと同伴の大人に貸し出している“びじゅつーる”のひとつである「絵をめぐる本」(2004年の改善後のバージョン)。①
右上／「しるキット」は、イラストと制作風景の写真をおりまぜて、アニメーションができるまでを解説した“ものしり読本”。②
右／かえっこカード「かえっこバンク」で発行される、世界共通の遊びのこども通貨「カエルポイント」を貯めるスタンプカード。こどもとこどもの心を持った人だけが使える。作成者：藤浩志 ⑤

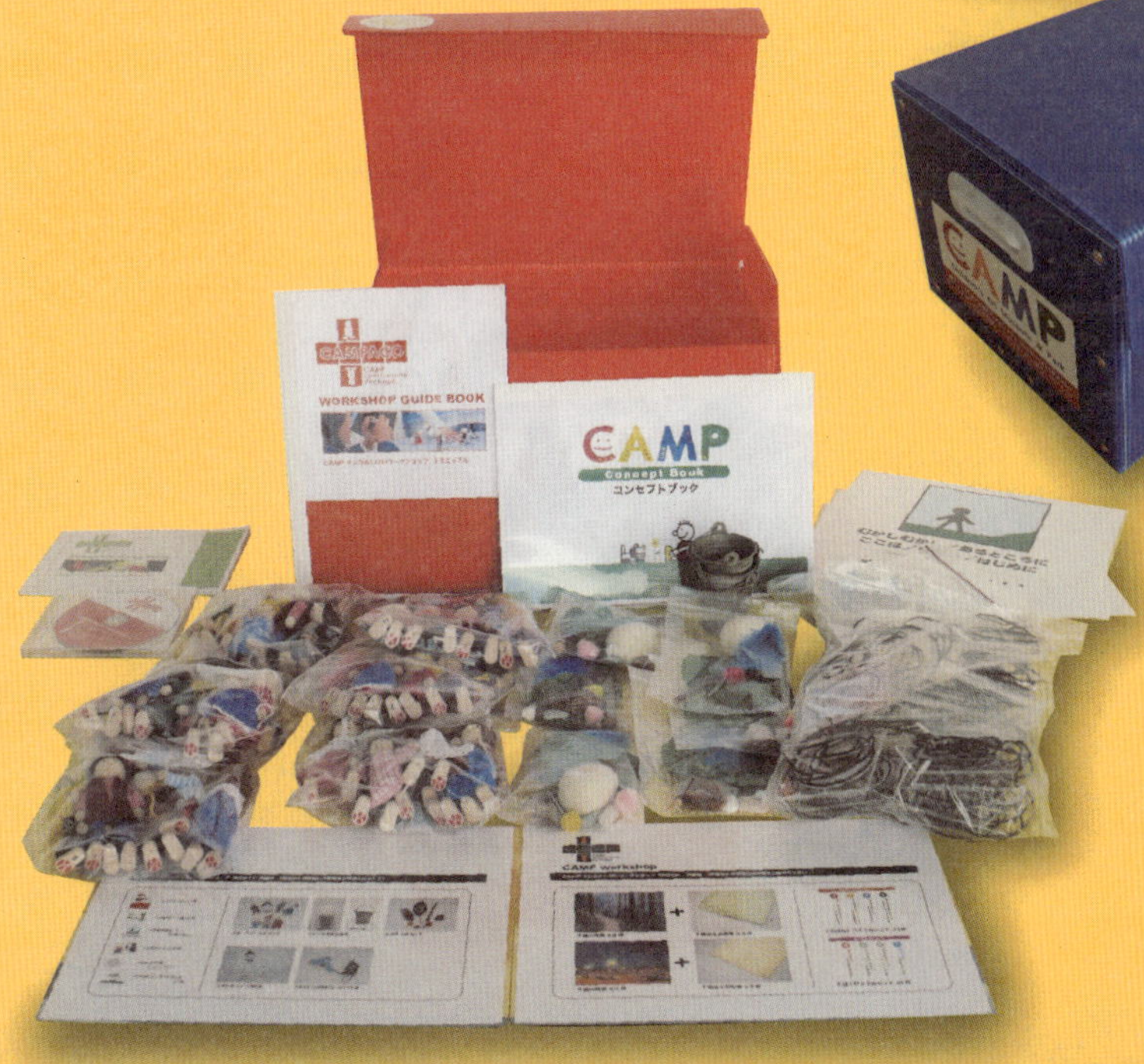

上と左／CAMPワークショップパッケージ「CAMPACO（キャンパコ）キット」ワークショップの運営ノウハウと機材がぎっしり詰まっている。キットとともにファシリテーター研修プログラムを提供して全国への普及を図っている。③

ワークショップから生まれた作品には、個人で作ったものだけでなく、グループやアーティストと一緒に作り上げたもの、さらには、子どもの表現を取り込んでアーティストの作品となるものまである

上／「アサヒ+ACTION！子どものいるまちかどシリーズ vol.2」さとうりさ（美術家）による「りさ部ー黒板タンスで行く」…こどもたちのラクガキ ④

中左／「CAMPすいそく・かいぞく・図鑑ワークショップ」でのこどもたちの作品…海洋生物学者になりきって、自分たちが考え出した海の生き物の生態を研究発表。 ③

中右／「ＣＡＭＰクリケットワークショップ」のこどもたちの作品…不思議なタマゴの中から自由な発想が飛びだしている。 ③

下左／「りさ部ーのぼりデビュー」…自分の身体をトレースして商店街を飾るのぼりを作る。 ④

下右／「りさ部ー巨大ぬり絵大会」…黒板タンスのラクガキをもとにぬり絵 ④

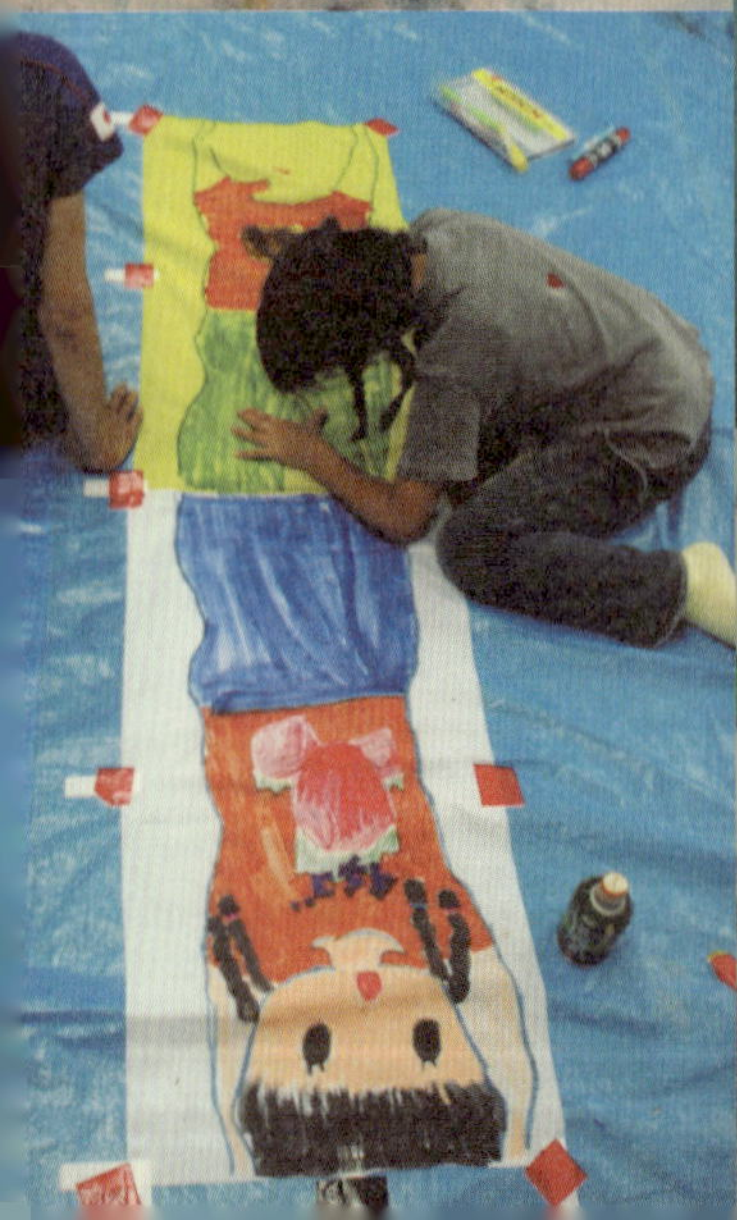

はじめに

田村　拓

　ワークショップが、静かに、そして確実に広がりつつあります。こどもたちが参加し、チームで話し合い、役割を決め、何かのテーマに取り組む。そのプロセスを通じて、自分を相対化、客観視しながらさまざまなことに気づいていく。それがワークショップの魅力です。

　わたしがワークショップにかかわるようになったのは、2000年の終わりごろ、勤務先のCSKでCAMP（Children's Art Museum & Park）という社会貢献活動を企画したときに遡ります。その活動を始めて3年くらいたった頃のこと、メンバーは、寝る間も惜しんで毎週末のこども向けワークショップの準備をしていましたが、スタッフ数には限りがあり、たとえ毎日ワークショップを開催したとしても、結局はそのキャパシティには限界があることにあらためて気づきました。一生懸命創ったワークショップをできるだけ多くのこどもたちに体験してもらうためには、これをほかの方々にも提供し、一緒にやっていただくことが大切だと思うようになりました。

ところがそこで、ワークショップは著作物ではないということに気づいたのです。社会貢献活動であるCAMPは、ワークショップをビジネスにしていません。CAMPのワークショップを多くの方々に、まるで「自分のもののように」使っていただくことが大きな喜びです。しかし、一方で自分たちが苦労してつくり上げた、ある意味「作品」でもあるワークショップが完全に模倣されても、それを守るすべがないということに、何となく釈然としないものを感じました。

世の中には、本当に素晴らしいワークショップを創作し、それを実践している先達が数多くおられます。以来、そういう方々にも、ワークショップの普及と権利保護の間に横たわる問題意識をぶつけてみました。その結果、多くの方々が、このことにモヤモヤした気持ちをもちながらも、実践者として前に進むこと、普及することを優先されているのを知りました。2005年の夏ごろ、この道の大先輩である大月ヒロ子氏に、知財としてのワークショップがどうあるべきかご相談しました。大月氏も以前からこのことが気になっておられた様子で、ワークショップに世間の関心が高まりつつある今だからこそ、時宜を得たテーマだと思うと言ってくださったのです。そして、ミュージアムにおける展示やワークショップでたくさんの実績をお持ちの文化総合研究所の橋本知子氏とともに、この世界で先駆的業績を積んでこられた方々に声をかけてくださり、「ワークショップ知財研究会」が発足し、1年強のディスカッションを続けてきました。本書は、その成果をまとめたものです。

いま、教育改革が大きな社会的関心になっています。さまざまな問題の根底にはこどもを取り巻く社会環境の変化があります。核家族化や少子化、兄弟姉妹の減少、家庭内教育の弱体化といった家庭の変化、コミュニティー全体でこどもを見守るという環境の喪失、それに反比例した学校と先生に対する期待の拡大と現実とのギャップなど、複合的な要因が絡まっていると思いますが、どれも不可逆的な要素が多く、新しいパズルを創るがごとくピースのひとつひとつをつくり直さなければなりません。わたしはワークショップには、この新しいパズルをつくりだす鍵が隠されていると考えています。ワークショップによって、従来の学校教育が必ずしも得意としていない分野の補完や、親と子、大人とこどもの新しい人間関係の構築が可能になるかもしれないのです。

優れたワークショップが広く普及するために、研究会の成果が少しでもお役に立てれば大変うれしいことです。またこの本の出版を契機に、ワークショップに携わる多くの方々の間にワークショップが抱える知財の課題に関しての共通認識が生まれ、問題意識が高まれば、研究会メンバーにとっても大きな喜びです。

（株式会社ＣＳＫホールディングス　執行役員）

■本書は、2006年1月からの「ワークショップ知財研究会」での発表をもとに編集・製作しています。

1

第一章

これまでと、これからのワークショップのために

大月ヒロ子

拡がるワークショップ

みなさんがはじめてワークショップという言葉を聞いたのはいつ頃だったでしょうか。最近ですか？　それとも、ずいぶん昔のことでしょうか？　ワークショップ…いまでは耳にすることが多くなりましたが、これほどまでに知られるようになったのはここ数年のことではないでしょうか。

言葉が広まるにつれ、ワークショップに関する書籍もずいぶん多く出版されるようになりました。ワークショップの核心に触れつつ、わかりやすい言葉でその成り立ちや、企画や展開の仕方、運営のコツまで紹介している魅力的な本も増えてきました。とくに最近の開発系・国際理解系・自然環境系ワークショップの書籍の伸びにはめざましいものがあります。アート系のワークショップの詳細な記録本にも優れたものが出てきましたし、いまではウェブでワークショップの進行状況を公開するプロジェクトもめずらしくなくなってきました。

またワークショップそのものの実施も盛んで、だれもが気軽に参加できる環境になりました。なによりも自分で体験してこそ理解が深まるワークショップですから、体験者が急増したことが言葉の認知度を上げた大きな要因になっているのは間違いないでしょう。いまでは「今日、日本で開催されているワークショップの数はどのくらい？」と聞かれても、「もう、それは数え切れないほど…」と答えるしかない状況が生まれています。

なにしろワークショップは多様な分野で実施されます。美術、医療、科学、自然、音楽、文学、建築、ダンス、演劇、教育、IT、コミュニティーづくり、広告、国際協力、企業の会議…。それらはさらにさまざまな目的をもって実施されます。創造性を高める、自己発見や自己回帰、事象の発見、プロセスの共有、実験、表現のひとつ、思考のエクササイズ、コミュニケーションの活性化、癒し、身体を整える、リアリティの獲得、技術の習得、教育、自発性の誘発、商品開発、合意形成などなど。見渡すと、事業名にワークショップとついていなくても、中身はワークショップそのものであるというものも多いようです。ですから実施の数が把握しきれないのは、当然のことといえるでしょう。いまでは学会そのものがワークショップ形式で行われることも多くなりました。でも、なぜこれほどまでに広まってきたのでしょうか…？　また、その魅力はどこにあるのでしょう。

ワークショップとは何なのでしょう

ところで、「そもそもワークショップとはいったい何なのか？」と、疑問をもたれる方も多いでしょう。

『ワークショップ　偶然をデザインする技術』[*1]の編著者、中西紹一氏は「参加者の世界を捉えるまなざしを革新・再構成する契機を与えるアクティビティ」と位置づけています。

*1 『ワークショップ　偶然をデザインする技術』

中西紹一編著　紫牟田伸子・松田朋春・宮脇靖典　共著　宣伝会議　2006年

広告の世界においてワークショップによる商品・サービス・ブランド開発の先駆けとなった編著者が、これまでになかった目線でワークショップそのものを検証している。

また、『ワークショップ―新しい学びと創造の場―』[*2]の著者、中野民夫氏はワークショップは「これまでのパラダイムの転換を迫られているわたしたちの社会の行き詰まりを打開する、ひとつの希望の道」であり、「現代の課題である持続可能な社会を作る」ヒントを内在させているものと書かれています。このようにワークショップに対しては、前述の2人以外にもさまざまな人が期待を込めた定義づけをしています。

　わたしは、10年前に美術館メディア研究会ワークショップ分科会で出版した『Workshop Lab』[*3]の「ワークショップの生態学」の中で次のように捉えました。「人は生活の中で無意識のうちに自己規制しています。羽化する前の昆虫の羽が小さく畳まれ、しまい込まれているように、本来もっている創造力とイマジネーションを眠らせたままにしがちです。そこに対してワークショップは『すべての人の能力を目覚めさせる援助システム』として機能します。ワークショップ参加者は時間をかけゆっくりと羽を広げていく気持ち良さを味わい、また、その蘇生していく姿は外から見ている人間にとっても魅力的で、しばしば静かな感動を呼び起こすものでもあります。そして、それをサポートし励ますことができるシステムや場がいうなればワークショップである」と。

ワークショップのカテゴライズ

さて、多様な顔をもつワークショップですが、それらを俯瞰するといくつか

＊2
『ワークショップ―新しい学びと創造の場―』
中野民夫著　岩波新書　2001年
ワークショップの歴史やカテゴリーごとの紹介、緻密な分析に加えスピリチュアルな部分も丁寧につづられている。

＊3
『Workshop Lab』CD-ROM版
美術館メディア研究会ワークショップ分科会　大月ヒロ子監修　大日本印刷　1997年
メディアの特性を生かし多分野にわたる22のワークショップのドキュメントと考察が試みられた。筆者は「ワークショップの生態学」と題して、ワークショップとは何なのか、さらにはワークショップに潜む危険についても言及している。

似たもの同士のグループ分けが可能であることに気づきます。

前述の中西紹一氏によると「ワークショップには、大きく4つのスタイルが存在していると考えられる。(1)身体啓発系 (2)身体開放系・身体表現系 (3)社会的合意形成系 (4)創造力開発系」とあります。

また、同じく中野民夫氏によれば、さらに細かく「(1)アート系 (2)まちづくり系 (3)社会変革系 (4)自然・環境系 (5)教育・学習系 (6)精神世界系 (7)統合系」に分類されています。

そしてこれらの分類に、新しく加えたいのが「表現としてのワークショップ」です。表現手段としてワークショップを使うアーティストの活躍が、このところ目につくようになってきたからです。研究会のメンバーである藤浩志氏もそのひとりです。ほかにも金沢21世紀美術館で子供都市計画を行ったヤノベケンジ氏、広島県立歴史博物館で2000年後の冒険ミュージアムを実施した柴川敏之氏らの一連のプロジェクトも、アーティストと参加者・協力者が生み出す「表現としてのワークショップ」であると捉えたほうがしっくりくるように思います。これはアート系ワークショップが成熟し、そこからさらに新しいタイプのワークショップが出現したのだといえそうです。

ワークショップを企画し、参加者におおまかなフレームを渡しながらコラボレートしていくアート系ワークショップを経験してきた彼らが、ワークショップのもつ可能性に気づき、表現行為そのものとしてさらに踏み込んだワークショップを手がけるようになったのはごく自然な成り行きでしょう。それぞれに展開の仕方も、参加者との組み方、アウトプットの仕方もぜんぜん違いますが、本書第3章で藤氏が述べているように「さまざまな活動やノウハウが発生する基本システム（OS）の提案」と、アーティストの個性が一体化することによって、これまでになかった表現としてのワークショップが立ち現れてくるのですから、魅力的でないはずがありません。参加者もその醍醐味を味わい、しだいにそれが大きな広がりを生み多くの人々に影響を与えています。きっと、これを読まれた何人かの方は、ご自分が参加された別のアーティストとのワークショップもそうだったなぁ…と思い出されるのではないでしょうか。

進化がもたらしたもの

このようにワークショップの普及にともない、ワークショップそのものも、そしてそこから生まれてくるもののバリエーションも増えてきました。日本でワークショップという言葉が聞かれ始めた四半世紀前から比べると、その進化には著しいものがあります。

一つのジャンルに注目して、その変化を少したどってみましょう。20年ほど前、アート系のワークショップの企画に携わる人の多くは、次々と新しいプログラムの開発に情熱を燃やしていました。とくに美術館や児童館などでは企画展や季節ごとの教育プログラムに合わせ、そのつど新たなメニューを考案しており、同時にそれらは、現場のスタッフの力の見せどころでもありました。しかし、新たなメニューを考え出す必要はあっても、実施し終わったワークショップについては、記録を残すくらいが精一杯で、バージョンアップや保護にみんなの関心は向いていませんでした。当時は世の中にあまり認知されていなかったワークショップでしたので、企画者も実施にあたるスタッフも厳しい条件の中で試行錯誤を続けざるを得なかったこと、それから、創作系のワークショップ自体がメソッドを嫌いつねに新たな創造を求める性質をもっていることも、バージョンアップというサイクルが育たなかった要因の一つであったかもしれません。いくつもの優れたワークショップが作られ、実施された後、消えていきました。彼らは、なによりも良いワークショップを作りたい、参加者とともによい時間を過ごし、発見の多い場をもちたい、閉塞した状況の打開策をみんなで見つけたい…そんな思いに突き動かされ、ひたすら作り続けていたのでしょう。もちろんそれがワークショップ企画の醍醐味ですし、そこがもっとも大切なところであるのはいまも変わりません。

ときは流れ、90年代に入るとワークショップに対する認知度も上がり、ワークショップを行うチャンスが格段に増えました。ワークショップそのものの楽しさや価値が多くの人に認められてきたことが理由の一つにあげられるでしょう。予算もわずかではありますが付くようになり、実施することが当然というような空気さえ生まれてきました。

それにつれ、おもしろく有意義なワークショップを改良しながらいく度も実施するケースも見られるようになります。また、創作系でありながらもおおまかなメソッドのようなものを抱えたワークショップも現れ始めます。さらに、ワークショップのためのオリジナルツールやキットが開発されたり、ノウハウまでも記載した記録書籍の出版、記録ビデオの制作なども行われるようになってきました。ワークショップから作品や商品も生まれてきています。

かかわる人の変化でいえば、NPO、行政、ボランティア、広告代理業者など、それまであまりかかわりがなかったような立場も目的もさまざまな人が増えました。また、立場の違う人同士が共同でワークショップを企画・開発・実施することも増えてきています。産・官・学の共同プロジェクトなどもその一例でしょう。そしてこういった共同のプロジェクトが第二のステップに踏み出す際に権利の処理をどのようにすればよいのか、だれに許可を得ればよいのかなど、第三者だけでなく当事者自身もとまどうような現象が出てくるようになりました。

ワークショップで気をつけたいこと

ここまでワークショップの優れた面ばかりをお話ししてきましたが、気をつけなければならないマイナスの面もあるということを、お伝えしなければなりません。

一つはメソッド、あるいはマニュアルと呼んでいるものについてです。国際理解、演劇やダンス、音楽、環境学習などのワークショップにおいて、これまでいくつものメソッドやマニュアルが開発されてきました。いくつものパターンを想定して、その対応の仕方や、進行のコツなどが取り決められています。参加→ウォーミングアップ→エクササイズ→展開→振り返り→シェア→持ち帰り→生活の場面で生かす→（その結果を携えての）新たな参加へ…。このようにしだいにバージョンアップしていく理想的なサイクルのイメージも作られています。マニュアルについては第5章でも触れられていますが、メソッドやマニュアルに沿って進行するだけのワークショップは、限定された広がりしかもち得ないものとなります。それらに頼り過ぎることなく、ときには意識的に壊しながら、自由に行うことがなによりも大切なのです。

[*4]『参加型ワークショップ入門』でも、ロバート・チェンバース氏が次のように心配を述べられています。「この本がテキストブックのように使われ、生真面目に考えられてしまう危険性…」「この小さな本が参考書であって、マニュアルではないことを示している」と。

これは読む側の人間、ワークショップを組み立てる側の人間が一番陥りやすいことへの重要な警告といえるでしょう。

また二つめは、ワークショップが、わたしたちにとってマイナスに作用する場合もあることです。参加することによって、参加者の内部の混乱を引き起こしたり、高揚感を得るワークショップをひたすら渡り歩くような参加者が現われるという状況を生みだすこともあります。エモーショナルで、手際よく整理され、刺激的なワークショップであればあるほど、マイナスの引力も強いようです。ワークショップには、プラスとマイナス両方のベクトルがあることを、

*4

『参加型ワークショップ入門』

ロバート・チェンバース著・野田直人監訳　明石書店　２００４年

「Participatory　workshops : A Sourcebook of 21 Sets of Ideas and Activities」Robert Chambers著 Earthscan Pubns Ltd　２００2年

ユーモアに溢れた実践書。農村開発や国際協力系のワークショップに軸足を置いて実績を積んだ筆者の優しくも鋭い具体的なアドバイスが秀逸。ワークショップそのものを知りたい人よりも、ワークショップの企画運営、現場にいる人にとって心強い参考書。

みんなが認識する必要があります。

いまなぜワークショップの知財なのか

さて、最近は新聞に知的財産権という文字が載らない日はないくらい、知財は身近な問題となっています。機械の進歩によってだれでも簡単にアイデアやものをコピーできるようになりました。それをウェブでやりとりすることさえ一瞬で可能となりました。情報の収集もたやすく行えます。オリジナルがどこにあったのか、当の本人にもわからなくなってくるほどに、それらはスピーディーに繰り返されるのです。

このようにコピーやリミックスというものが、日常的・無意識的に行われるようになったことで、わたしたちはなんらかのしわ寄せがどこかのだれかにいっているということにしだいに無感覚になってきているように思います。知財の価値に注目が集まってきたというのは、そのような現象への危機感も含んでのことなのではないでしょうか。

２００６年の日本経済新聞の連載「ネットと文明より」では、非常に興味深い記事が立て続けに掲載されました。その中に「無秩序な記憶が見えない糸でつながり論理の飛躍をともなう『人間らしい』創造力を生む」（２００６年10月20日版）という記述がありました。人間の脳には創造の源となる「気づき力」が備わっており、その発達が人類の進化の鍵を握るというのです。これを読んだわたしは、ワークショップはそれを援助するシステムの一つではないかと思いました。また、ワークショップの企画というものはその「気づき力」によってつくられる場合も多いのです。企画者のそれまでの経験や見てきたこと、さまざまな情報などが思いもかけないつながり方をして生まれてくるのが、ワークショップのテーマでありアイデアなのです。

ワークショップを企画される方ならよく理解していただけると思いますが、ワークショップにおいてはこのテーマやアイデアがすごく大きなウエイトをもっていることがあります。非常に鋭いテーマや、アーティストがずっと積み重ねた実践の中で生まれてきた固有のノウハウやアイデアがワークショップの質をグンと上げるのはよくあることです。それはどう評価すればよいのでしょうか。大切なものであるけれども、いまの法律では保護の対象からは外れています。それが、たとえば理論とか発明であれば知財的にも扱いは明快なのですが…。

福井健策氏は著書『著作権とは何か—文化と創造のゆくえ』（集英社新書）の中で、「卓抜したアイディアならば、これを真似する人はとても楽です。他人の良いアイディアを取り入れれば良い作品も生まれやすいし、楽してお金儲けできる。それとは対照的に、真似されてしまう方はちょっと気の毒です」と書かれていますが、こういった現象は、すでにワークショップの世界でも起こっています。

ワークショッププランナーやクリエイター、アーティストなど契約を結ぶことに慣れていない人々と、契約のことに精通しそれを生かす場所をたくさんもった人々の間に、すでに大きな格差が生まれています。多くの魅力的なワークショップを生みだしてきた彼らが疲れ果てる前に、わたしたちがすべきことは何なのでしょうか。もちろん、彼ら自身も、そしてまわりの人たちも知財について知り学ぶ必要もあるでしょう。また、優れたアイデアや固有のノウハウに対して、わたしたちが敬意を表することも大切だと思います。インスパイアされたものについてのアナウンスを小さくても添えるとか、参考にした場合は一声かけるなど、些細なことであっても、ワークショップにかかわる人同士のコミュニケーションが気持ちよいものになっていくはずです。自由な活用とはこういったコミュニケーションのうえにこそ根づくものなのではないでしょうか。

この本で取り上げること

この本は、さまざまな現場に身をおく研究会メンバーの発表と、ゲストとしてお迎えした芸術文化法・著作権法を専門とされる弁護士福井健策氏の研究会でのレクチャーがもととなっています。それぞれ違う分野に身をおく人々が、ワークショップを実施するにあたって行きあたる知財の問題を取り上げています。

正直、研究会を立ち上げた時点では知財に関する問題がこれほどまでに多く存在するとは思ってもいませんでした。ワークショップにかかわる人々は、どこかに引っかかりを感じながらも、知財のことはとりあえず横においてきたのだと思います。しかし、時代はわたしたちの想像を超えて急激に変化しています。もはや知財のことを素通りしては、次の段階に進めない地点にさしかかっているのです。

本書の第2章ではNPOにおける事例として、職務著作、こどもとつくったものの権利、コピーすること、共同ワークショップの権利の配分などについて。第3章ではアーティストの立場から、表現としてのワークショップ、さまざまな活動やノウハウが発生する基本システム（OS）の提案、ノウハウの権利をめぐるお話が。第4章では美術館の教育プログラムを中心にして、インターンシップププログラムにおける権利、所蔵作品の写真のクレジット、教育プログラム参加者の肖像権、さらにはワークショップやプロトタイプツールのように変形し続けるものの著作権をどのように考えればよいかという問題提起などが。第5章では企業がすすめているワークショップのパッケージ化、ワークショップ実施の承諾書、商標登録について具体的な事例が示されています。第6章では児童館という組織でのワークショップ実施時における取り決め、プログラムの普及方法、キットの製品化、記録ビデオの扱いなどが報告されました。さらに、第7章ではワークショップそのものやそこから派生するものの権利が法律の世界ではどのような位置づけにあるか、契約に関することなどが丁寧に解説されています。第8章では知的財産権についての概説と、ワークショップまわりの著作権や著作隣接権、ワークショップそのものは著作物とはならないこと、そしてローカルルールが紹介されています。最後の第9章では、国の政策提言から読む知財保護の今後とワークショップとの関連性が語られています。

各章の本文中には、通常より大きな扱いで注釈が添えられています。ここではワークショップや知財に関する補足説明や基本的な知識として知っておくと便利な語句をピックアップしました。知財に関するキーワードだけでもずいぶんな数になっていて驚かれる方もあるでしょう。しかし、それほどまでにワークショップとそのまわりには知財とかかわりの深いものが多いということなのです。

また、本書のタイトルにもあるとおり、ここではこども関連のワークショップを中心に取り上げました。こどもと知財。お互いに遠い存在であるようなイメージをもちますが、お読みいただくとそうではないと気づかれると思います。これからの世界を担っていくこどもたちのためにも、良質なワークショップを提供できる良い環境をみなさんとともに作りたいと考えました。

ワークショップのためにできること

ワークショップにおける知財の扱いはいったいどのような形が理想であるか、これはこれからみなさんと考えていかなければならない大きな課題です。福井健策氏は著書『著作権とは何か—文化と創造のゆくえ』のしめくくりに「正当な権利が尊重されること。ただし、権利を守るために、他人の創造的な活動を抑えつけすぎたり、人々が芸術文化を楽しむ自由を抑圧しすぎないこと。」わたしたちの社会は、ここでも難しいバランスと、絶えざる自問を求められているように思います」と書かれています。そして氏が言われている「守られるべき権利」と「ゆるされるべき利用」は、そのままワークショップにおける「守られるべき権利」と「ゆるされるべき利用」というように言い換えることもできそうです。

時代と人々がワークショップを必要とするようになった今こそが、みんなで考えなければならない時期といえるのではないでしょうか？　みんなが認めたワークショップには価値があります。自由な利用と価値の保護、相反するものを上手に共存させる新しい知恵が必要になってきています。

この本で研究会のメンバーが語るワークショップを取り巻くさまざまな課題は、きっとみなさんの身のまわりにもいくつもあるものだと思います。

２００６年には絵本の「読み聞かせ」や「お話会」[*5]について、作者や出版社の団体が著作権者への許諾の要・不要を分類したガイドラインを作成したという記事が新聞に載りました。この「読み聞かせ」などはワークショップの中で行われることもあります。このガイドラインでは、表紙をホームページに載せる場合も「確認が必要」など、かなり細かな取り決めが示されています。このように、すでにあちこちの団体や組織が知財への保護と利用についての新たな取り組みを始めています。

ワークショップにかかわる人たちが、情報・知識・スキルなどにおいて、なるべく格差の少ないコミュニティーを構築するとすれば、わたしたちはどのようなことに気をつけていけばよいのでしょうか？　立場が弱いクリエイターで

*5
お話会・読み聞かせ団体等による著作物の利用について

児童書四者懇談会作成による手引として、注意点や著作物利用許可申請書（兼・許諾書）などが掲載されている。非営利の利用についても詳しく範囲が決められている。 http://www.jbpa.or.jp/ohanasikai-tebiki.htm

あっても正当なリターンを得られる社会にならなければ、わたしたちの未来は世界の進歩から取り残されてしまうでしょう。この本では、法律家の方々とともにいくつかの解決策も探ってみました。

ぜひみなさんも、この機会に一緒にお考えいただければと思います。そして、みんなが生き生きとハッピーになれる創造的な環境づくり、ローカルルールづくりの第一歩に向かって、みなさんと踏み出せれば幸いです。

2

第二章

ＮＰＯが学校や地域で行うワークショップ

堤　康彦

アーティストを学校へ

「NPO法人芸術家と子どもたち」[1]でいま行っている事業には「ASIAS[2]（エイジアス）」と「ACTION!（アクション）」[3]という2つがあります。エイジアスは2000年から始めました。アーティストに小学校へいってもらって、先生と協力しながら、ワークショップ型の授業を行っています。

まず、手塚夏子さんという振付家が学校へ行き、小学4年生のクラスに1日90分、2コマの授業をしたものから紹介します。ⓐ手の重さを感じるとか、身体感覚のようなものをこどもたちに研ぎ澄ましてもらおうというものです。そのひとつにペアの相手の、どこか体の一点を見つめて、見られているほうがそこを当てるというものがあります。2人は非常に近くにいるにもかかわらず、その一点というのが意外に当たりません。前半はさまざまな身体感覚を味わう内容となっています。後半は手塚さんの舞台作品をもとにしたワークショップです。まず目とか鼻とか口、耳の形をクレヨンを使って紙袋に型をとっていきます。そしてこの紙袋をかぶって口の部分だけを切り抜いて、「口のダンス」を踊るというものです。ただし、かぶりたくない子はそれでもいいよ、ということになっています。授業の前半部分は、ほかの人もされることが多い内容かもしれませんが、後半部分は手塚さんオリジナルといえるでしょう。手塚さんは、「私的解剖実験」というタイトルの舞台作品シリーズを発表しており、実

*1 **NPO法人芸術家と子どもたち**

1999年活動を開始、2001年法人設立。こどもたちとアーティストが出会う場づくりをする。こども、アーティスト、こどものそばにいる大人、それぞれにとって刺激的で幸福なアートとの出会いを創出することが目的。

*2 **ASIAS**

エイジアスとはArtist's Studio In A Schoolの略。2000年から2006年現在の7年間で、延べ約150の小学校等で、1万人を超える児童がエイジアスの授業を体験。複数の企業や助成財団の支援により運営している。

ⓐ手塚夏子（ダンス）ワークショップ

際に紙袋をかぶって、口ダンスを上演します。学校の先生とディスカッションする中で、この作品のことが浮上し、じゃあそれをこどもたちにもやってもらいましょうか、という感じでできあがったワークショップです。

アーティストとの共同企画

エイジアスの授業は、基本的に学校の先生とアーティストが相談をして組み立てていきます。2004年度と2005年度は、年間で80～100日間程度授業を実施しています。2006年度は小学校以外に中学校でも行っていて、年間24校になる予定です。アーティストについては何回も行う人もいれば、そうでない人などいろいろです。先にご紹介した手塚さんは1日だけでしたが、長いものだと、1人のアーティストが8～10日間1つのクラスに通って連続のワークショップをすることもあります。これらは授業ですからカリキュラムづくりといってもいいかもしれません。

期間の長い実践の一つに、トリのマーク（通称）[4]という[5]アーティストの中学校での取り組みがありました。選択国語科8人と心障学級8人のクラスが、文化祭に向けてそれぞれ作品をつくるという授業でした。演劇作品を創作するのですが、導入部分では体ほぐしのワークショップをしながら、こどもたちから出てくるアイデアや、ちょっとしたお題を与えてグループで考え、そのときこどもたちから出てくる表現をもとに作品化していきます。脚本がもともとない演劇づくりです。

*3 **ACTION!**

アクションは東京都豊島区の廃校となった中学校（現 にしすがも創造舎）を拠点に2004年から始まる。地域のこどもたちを中心に、異年齢・多世代・新旧住民らの交流を誘発するアート活動を目指す。名称は拠点がかつて映画撮影所だったことに由来する。

*4 **トリのマーク（通称）**

山中正哉氏と柳澤明子氏が主宰するアート&パフォーマンスグループ。1991年結成。古い造船所、茶室、カフェ、書店、美術館、まちなかで、場所から発想したオリジナル演劇作品を上演するほか、ワークショップ、地域アートプロジェクト、記憶リーディング、オリエンテーリング、絵本づくりなど表現スタイルは多様。にしすがも創造舎では、親子のためのプレイスペース「ギロンと探偵のいる2年1組」を開設し、物語性のある展示やワークショップを展開している。

これは、トリのマーク（通称）の、ある種の舞台づくりの手法をワークショップに導入した形になっています。手塚さんのように舞台作品そのものをワークショップに取り入れるもの、トリのマーク（通称）のように、ふだんのアーティストの作品創作の手法をワークショップの中に導入していくもの、そのときその場でアーティストが考えた手法でやるワークショップなど、さまざまなタイプがあるわけです。

次に紹介するのは、パントマイムをベースにしたパフォーマンスグループで「水と油」[*6]というアーティストが行った授業です。ⓑ前半の部分の持ち上げた鞄が急に重くなったりする動作は、マイムの一般的なワークショップでよくやっているものです。後半の部分は、このときの依頼者であった図工の先生が多少造形的なアプローチもさせたいというので、両者が話し合いながら考えたものです。

エイジアスで、さまざまなアーティストの多様なワークショップを見ていると、アーティストがいろんなネタをもってくる場合もあれば、学校側からある種の条件を与えられて、たとえば音楽と図工をミックスしてほしいとか、「総合的な学習の時間」[*7]で1年間「水」をテーマにしているので水を取りあげてほしいとか、そういう依頼をもとにアーティストが考えるケースなどいろいろです。当然、そこで知的財産が生まれてきていると思います。もちろん主となるのはアーティストですが、学校の先生のアイデアも入っているし、わたしも打ち合わせに入ってアイデアを出す場合もあり…、振り返ると、そんなふうにしてワークショップが生まれているんだと感じています。

*5 心障学級
学校内に一つのクラスとして設置され、おもに知的障がい児で編成される学級。自閉傾向の強い児童も多く見受けられる。エイジアスの実践経験によると、アーティストと障がい児、双方にとって刺激的なワークショップになることが多い。担当教員からは、アートを導入した授業は児童の変化（教育的効果）が顕著に現れるとの報告もある。

＊6
水と油

1995年に結成のパフォーマンスグループ。メンバーは4人。従来のマイム作品やテクニック、イメージにとらわれることなく、ジャンルを超えて、身体表現や空間創造の可能性を追求する。国内のみならず国際的な評価を得て活動していたが、2005年からグループでの活動は休止。「想像・創造」することの大切さや面白さを分かち合うワークショップを実践する。

ⓑ水と油（パフォーマンス）ワークショップ

ワークショップとしての授業

さらにいえば、学校の先生は言うまでもなく毎日授業をしているわけです。その「授業」と「ワークショップ」、先のエイジアスの場合は「ワークショップ型授業」といっていますが、そこに境界線があるわけではないと思うのです。ふだん先生が授業をする場合でも、教科書をそのまま伝えるだけではダメですよね。とくに最近の「総合的な学習の時間」では工夫が必要です。ですからある意味、学校の先生もワークショップをつくっているという状況があると思います。

学校教育という場なので、面白い実践はどんどん広がっていきます。公開授業をしたり、研究授業みたいなことをすると、それに魅力を感じた多くの先生たちが参考にします。学校の先生もワークショップのようなものを日々つくり、広めているわけです。自分の学校の中で広める場合もあれば、他校の先生に広めていくということもあります。エイジアスでも、秋ごろに研究授業と絡め、授業を公開する場合があります。それは、学校の先生と外部講師のコラボレーションのような文脈で紹介されることが多く、これにはたくさんの先生が見学にこられ、場合によっては自分の学校に帰って、それを参考にして授業をすることもあるわけです。あるいは、わたしどもで発行したエイジアスの活動記録集ⓒを見て自分の学校で授業をする先生もいます。

エイジアスはアーティストというのがキーになっているわけですから、アーティストが行うものと学校の先生がそれをまねて行うものは違うものになるのではないかと思いますが、ある意味アーティストが考えたり、アーティストと先生が組み立てたワークショップがいろんなところで普及している、という気がしています。そこで考えるんですが、学校の授業という枠であれば、たとえば本をコピーして配布してもいいことになっている（著作権法[*8]第35条）。それでは、ワークショップはどうなんだろうか…と。

こどもとつくるということ

2年ほど前から、学校の授業枠以外でも、アクションという活動名でこどもや親子対象のワークショップをしています。東京の西巣鴨にある旧朝日中学校という廃校に事務所をおいているのですが、そこで豊島区と協働しながら、地域のこどもや大人たちを巻き込む形でさまざまなワークショップをしています。

たとえばアサヒビール[*9]との共同プロジェクト「子どものいるまちかどシリーズ」では、さとうりさ[*10]さんという美術作家と3ヵ月ぐらいの間に20以上のワークショップをやりました。架空の図工クラブ「りさ部」の部長がさとうさんで、こどもたちが部員という設定です。そのワークショップのひとつ「黒板タンスで行く」というのは、たまたまタンスが廃校にあったのでそれに黒板塗料を塗

*7
総合的な学習の時間

2002年に完全実施の学校週五日制に合わせて全面改訂された学習指導要領で、新たに創設された教育課程上の学習活動。「生きる力」の育成を目指し、⑴地域や学校、こどもたちの実態に応じ、学校が創意工夫を生かして特色ある教育活動が行える時間、⑵国際理解、情報、環境、福祉・健康など従来の教科をまたがるような課題に関する学習を行える時間、とされている。小・中・高等・盲・聾・養護学校等すべてに導入され、小学校では3年生以上から週あたり3時間程度の授業時数が配当されている。

©エイジアスの活動記録集

ってキャスターをつけて、町の公園や商店街、校庭、児童館などに持っていってこどもたちに落書きをしてもらうものです。そしてこどもが描いた落書きのキャラクターから、このプロジェクト「りさ部」のメインキャラクターを決めました。こどもが描いたものをアーティストがもらっちゃうわけです。「巨大ぬり絵大会」はそれを拡大してそこにこどもたちが塗り絵をしました。

「ふとんやさんのどうぐばこ」は、近所の商店街の布団屋さんとさとうさんがコラボレーションをして、綿でてるてる坊主みたいな造形物をつくるワークショップです。さらに、商店街にはのぼりがたくさん立てられるようになっているので、そののぼりをこどもたちにつくってもらうということで、好きな自分と嫌いな自分という絵を2つ上下に描く「のぼりデビュー」も行いました。

「さようなら、おもちゃたち」は近所のお寺の住職さんと一緒にやったものです。四ッ谷怪談のお岩さんが祀ってあるお寺で、その住職さんのお説教ではお岩さんの不倫がどうのこうのという話をこどもたちにしていました。本堂でのそうした風景はいまはなかなかみられないし、これもワークショップだなと思ってみていたんです。お説教のあと、こどもたちがもってきた、使わなくなったおもちゃを、さとうさんがつくった雪だるまみたいな造形物にくっつけて最後にお経をあげてもらって供養しました。それだけといえばそれだけですが良いワークショップでした。最後に、「バルーンと一緒にまちを歩こう」をやりました。さとうさんは「りさキャンペーン」という大きなバルーンを背負っていろんな街を歩くというのを昔からやっていますが、そのミニチュア版をこ

＊8 著作権法第35条

学校その他の教育機関（営利を目的として設置されているものを除く。）において教育を担任する者及び授業を受ける者は、その授業の過程における使用に供することを目的とする場合には、必要と認められる限度において、公表された著作物を複製することができる。ただし、当該著作物の種類及び用途並びにその複製の部数及び態様に照らし著作権者の利益を不当に害することとなる場合は、この限りでない。（以下、省略）

＊9 アサヒ+ACTION！子どものいるまちかどシリーズ

アサヒビール株式会社とNPO法人芸術家と子どもたちが、「アート」の視点から、こどもたちを中心に、地域への関心の掘り起こしや、新旧住民・世代を超えた地域住民同士のつながりを誘発しながら、「都市におけるコミュニティの再生」や「新たな地域価値創造」を考えていく、実験的共同アートプロジェクト。（巻頭カラー参照）

どもたち30人ぐらいが背負って巣鴨地蔵通り商店街を練り歩きました。

これら一つ一つはワークショップでありながら、全体として「りさ部」というアートプロジェクトになっているものです。「まちとアート」というのはいま自治体が取り組みたがっているテーマですね。わたしたちは別に街づくりをやっているわけではないのですが、こどもたちが街を発見したり、街の人々と出会う機会をつくれませんか？　とさとうさんに相談したところ、こうしたプロジェクトになったわけです。

コミュニティーを生かしたワークショップ

過去のアクション事業で、より地域資源を掘り起こす形のアートプロジェクトとして、「ハヤフサ・プロジェクト」があります。

旧朝日中学校という場所は、もともと昭和初期のサイレント時代からトーキーに変わるころ、大都映画という、いわゆるB級映画をたくさんつくる映画会社の撮影所でした。そのころのアクションヒーローにハヤフサヒデトという人がいました。その方はもう亡くなっていますが、美術家の岩井成昭[*11]さんがこのハヤフサという人物に着目したんです。フィルムの残っている主演映画は1本しかないのですが、その「争闘阿修羅街」というサイレント映画を観て、その映画とハヤフサヒデトにまつわるプロジェクトを立ち上げたいと考えたんですね。岩井さんは、ワーキンググループとして6～7人の大人のグループをまず

*10 さとうりさ
美術作家。東京藝術大学修士課程修了。「りさ・キャンペーン」という、バルーンを使ったパフォーマンスを国内外で実施。独特のコミュニケーションの手法が注目を集める。フィリップモリスアートアワードやパルコアーバナートなど受賞。愛・地球博2005では屋外に「player alien」を制作。NHK教育テレビ「わたしのきもち」アートディレクターなど、テレビやデザインの仕事も手がける。

＊11 岩井成昭

美術作家。東京藝術大学修士課程修了。1990年より音声やノイズなどを収集し再構成したサウンド・インスタレーションを発表。90年代後半から人と社会の関係性にテーマを求め、欧州・豪州・日本における多文化状況の調査を通し、ビデオや音声による作品を制作。近年は、世界各地の都市や地方に滞在し、地域のコミュニティや伝統を現代の文脈の中で再構築する試みを続けている。十勝国際現代美術展デメーテル、横浜トリエンナーレ、バンコク実験映画祭など、国内外の芸術祭にしばしば招聘され作品を制作する。

ハヤフサ・プロジェクト 2004-2005

集め、そこでディスカッションしながら、こどもたちと何をやろうかと話し合っていきました。半年間くらいかけてこどもたちと調査団を組んでいろいろ調べあげ、最後はハヤフサの娘さんとお孫さんに会いにいき、彼のお墓参りまでいくという、紆余曲折もあったプロジェクトでした。また、高齢者福祉施設で「争闘阿修羅街」の上映会をし、当時のお年寄りからその映画がつくられたころの話を聞くということも併行してやりました。これも一つのワークショップというよりも全体で一つのプロジェクトになっているものといえそうです。最終的には岩井さんがその過程をドキュメンタリー映像として40分くらいにまとめあげ上映会をやりました。

アクションの中には、NECと共同で行っている「NEC×ACTION！子どもとつくる舞台シリーズ」ⓓという企画もあります。2005年のそのプロジェクトでは、巣鴨の地蔵通りでお年寄りが歩く姿とか、お店でおせんべいを焼いている姿をこどもたちが取材し、ダンスにして、最後には舞台発表をしました。

また、「親と子の教室の絵本」ⓔでは、一つの教室を絵本とおもちゃのスペースにして、遊び場開放的なことをやっています。ここは幼児の親子が対象ですが、週末にワークショップもしています。たとえば、先のトリのマーク（通称）というアーティストに「絵本の謎を解く」というテーマでシリーズワークショップをいま考えてもらっています。この間は「冬を見つけよう」ということで、絵本の中から冬を見つけたり、にしすがも創造舎の敷地の中でいろんな冬を見

ⓓNEC×ACTION! 子どもとつくる舞台シリーズ

ⓔ親と子の教室の絵本

つけてきて、それを展示したりしました。ワークショップでやった軌跡を教室の中に残していっています。しかし残ったものが作品か？　というと、そうとはいえない。残ったものはどちらかといえばワークショップの痕跡という感じです。しかし、このワークショップ自体はトリのマーク（通称）にとっては作品になるのだろうと思います。

ここまで学校の授業の中でやっているワークショップと、そうでないものを紹介しましたが、ワークショップに参加するこどもの意識には大きく違うものがあると思います。学校の授業の場合、こどもは受けなければならないと同時に、学校生活という日常の一部ですので、アクションのようにわざわざ申し込んで参加する場合とでは、おのずと意識は変わってます。ただ、ワークショップの内容とかアイデア、あるいは知的財産とか、そういう意味ではまったく同じなのかなと思います。その使われ方が違うのだと思います。

ワークショップのさまざまな作り手

ワークショップでは、アーティストだったりアーティストでない人だったり、1人のアーティストが考えてやったり、複数のスタッフがつくってやったり、さまざまなケースがあります。エイジアスの場合も、基本的にはファシリテーターになったりせずコーディネートがメインですが、アクションではランドスケープデザイナーに監修者的に入ってもらいエイジアスのスタッフ自らがワークショップを組み立てました。つまりワークショップにはいろいろなつくり方があります。やっていきながら実際こどもがいる中で、やろうとしたことがどんどん変わっていくということも重要です。ワークショップというのは本来そうなのですが、完成されたワークショップがあるのではなく、そこに参加する人同士のやりとりによってどんどん変化していって、もしかしたら目指すところとはぜんぜん違うものになっていく可能性もあって、それが面白かったりするのです。ですから、そういう観点からもワークショップの著作権を考えていくのはけっこう難しいと思います。

ワークショップについての権利の意識

学校教育には実践集がたくさんあります。たとえば、総合的な学習の時間は本来こどもたちの興味・関心に基づいてそれぞれ学校独自のものをつくり上げていくものですが、一方で市販の総合的な学習の時間の実践集があって、それを見ればいい授業ができます、みたいに書かれています。あるいは、市販されているものでなくても、研究授業における実践報告書などもあります。基本的に、学校の授業はなるべくオープンにしてどんどん広げていこう、先生同士共有していこうという気持ちは、強いですね。全部の先生ではありませんが。そこにだれそれの権利が…という意識はほとんどないと思います。

また、アーティストが学校の側と一緒につくった授業で、アーティストの権利がどうこうという話が出てきたことも、ほとんどありません。たしか美術家の宮島達男さんだったと思いますが、ご本人が自分の履歴として、こんなワークショップの授業をやりましたということをカタログなどのプロフィールに記載していいですかと、学校に確認したということはあります。10から1までの数字をカウントダウンして顔を水につけるというワークショップを学校でやったときのことです。

それぞれアーティストによって、こどもたちとワークショップをする理由は違うのでしょうが、現代アート系のアーティストはこどもたちに教えたいというよりは、こどもたちから出てくるものを自分が吸収したい、という意識が強いと思います。また、授業という場で、ふだん自分1人では絶対やらないことを、学校の先生からこんなことやってほしいと言われて、やってみようかな…と。新しいことに挑戦できるという喜び、それからこどもや先生などアートの専門家ではない人から刺激を受ける面白さがあるのではないかと思います。

また、アーティストが生み出す作品としての著作物と、学校の先生が職務として行う授業、これらもどう考えるか難しいところです。自分自身職務著作を[*12]よく理解しているかどうかわからないのですが、アーティストに関して言えば、いま、作品の概念がまったく変わってきていて、モノとして残るものをつくるだけがアーティストの仕事ではなくなってきています。先に挙げたさとうさんのワークショップでいえば、モノとして残っているのは実はこどもがつくったものばかりです。しかし、この行為全部が彼女の作品なわけです。

*12 著作権法第15条

法人その他使用者（以下この条において「法人等」という。）の発意に基づきその法人等の業務に従事する者が職務上作成する著作物（プログラムの著作物を除く。）で、その法人等が自己の著作の名義の下に公表するものの著作者は、その作成の時における契約、勤務規則その他に別段の定めがない限り、その法人等とする。

2．法人等の発意に基づきその法人等の業務に従事する者が職務上作成するプログラムの著作物の著作者は、その作成の時における契約、勤務規則その他に別段の定めがない限り、その法人等とする。

もう一つ大切なことは、アーティストがワークショップやエイジアスのような授業をするのは、彼らの本来的なクリエイティビティにかかわることだということです。最近学校では、外部人材を活用することが盛んですが、たとえば畳屋さんが来て、畳はこういうふうにつくるのですよと講義したとします。でも畳屋さんは畳を売るのが本業で、学校での講義は本業ではない、いわば地域ボランティアという形です。しかし、アーティストがワークショップを先生と一緒につくるのは、まさにクリエイティビティにかかわることで、彼らにとってのある意味、本業だと思います。だからわたしたちは、アーティストに無償でやらせるのはいかん、ちゃんとした対価を払わなければならないといつも言っています。学校側には、とかく、こどものためならなんでもボランティアでお願いします、という風潮があります。エイジアスでは高いフィーは払えないが、プロの仕事をしてもらうのだから、きちんと対価を払うという形でやってきています。しかし、彼らにとってこのワークショップが職務かどうかというのはまた結構、難しい話になってくると思います。

さらに、学校でやっているエイジアスの授業の主催者はだれかということがあります。正課の授業ですから、学校です。しかし、お金を出しているのは直接的にはうちのNPOで、もとをたどると企業や財団になります。もともとアーティストの講師料にあたる金額くらいしか集まらないのですが、その部分に関しては協賛金や助成金をあてています。なので学校側には、払える場合のみ払って下さいとお伝えしています。

ⓕ 勝部ちこ氏のダンスワークショップ

現場の先生の意欲を尊重し、手助けしたいということでエイジアスを始めました。ですから、先生にとってネックになるお金の部分を、うちのNPOがファンドレイズしようと考えたわけです。ただ、うちの予算も少ないので、学校も出せるなら出してくださいとお願いしています。以前に比べると出ることも多くなってきていますが、学校の予算では、1日数千円程度のことが多いです。学校側に出してもらえた場合には、足りない部分を補充しアーティストのフィーにしています。アーティストのフィーは準備は含めず、本番の日数で1日あたり数万円です。ただ、準備の部分、すなわちアーティストがワークショップを開発する部分の対価をどう考えるかは、問題かもしれません。

もう一つ気になるのはワークショップのオリジナリティーはどこにあるのかということです。うちではダンスのワークショップをよくやりますが、ダンスの世界の人はアーティスト同士でどんどん盗む、というと言葉が悪いですが、互いにまねしてワークショップをやることがよく見受けられます。たとえば、ダンスの創作手法の一つに、コンタクトインプロビゼーションがあります。体と体の接触とか、アイコンタクトなども含めて人と人との関係をきっかけに動きをつくるというワークで、2人組で体と体を支え合いながら歩くとか、背中合わせになって座ってまた立つとか、もっとダイナミックなものとかがあります。

たとえば、エイジアスでよくワークショップをしてもらう勝部ちこさんⓕというアーティストも、かつてアメリカでコンタクトインプロビゼーションを学

び、それを早くから日本に普及してきた草分け的な人です。それらのいくつかのワークのパターンを、ほかのアーティストがまねして、いろんなところに広まっているようです。そのように広がっているものに関して、もとの著作権はだれがもっているのかというのは非常に難しいと思います。さらに言えば、そういうワークは、少しずつみんな自分なりにアレンジしますから、ますますオリジナルの所在がわかりづらくなっていきます。

わたしたちが行っているワークショップを紹介しましたが、こういったなかにもいくつもの知的財産にからむ課題がみえてきたのではないかと思います。

3

第三章

表現手法としてのワークショップの可能性

藤 浩志

イメージをめぐる考察

僕自身がこれまで行ってきた活動の例をあげながら、ワークショップやそのあり方について、つくる側の立場から重要だと思う点をいくつかお話ししたいと思います。

最近とくに感じることが多いのですが、「イメージする力」は本当に大切です。イメージすることができてはじめて、「こうしよう」という意思やビジョンが発生し、行動が始まります。イメージのほとんどは周辺の環境や教育、情報などから与えられていながらも、漠然とぼんやりとしたもので、明確な意識や認識をともなう意思やビジョンとは違います。僕はそのイメージが発生する前の状態がとても大切であると捉え、仮にモヤモヤと名づけています。モヤモヤの多くは、些細な違和感から発生します。周辺の環境に対する違和感、人間関係に生じる違和感、地域社会や物事に対しての違和感などさまざまで、その不明確で些細で個人的な違和感が蓄積されている状態がモヤモヤです。そしてモヤモヤを表現し、イメージとして形にするプロセスはとても重要で、創作活動や芸術活動と深く関係しています。しかし、個人的な活動が多く、社会的な活動として一般化されにくく、流通しづらいという性質があります。

それに対して「表現されたイメージ」を洗練し、社会的に受け入れやすい表現に加工し、具体的な商品や概念として流通させるプロセスがあります。知的財産権の視点で捉えると、流通を目的とした明確なイメージには権利を設定しやすく、逆に個人的なモヤモヤに権利を設定することはあり得ません。しかし実質経済的に困っているのはモヤモヤからイメージを立ち上げようと個人的な活動をせざるを得ない人たちなのです。この点をまず再認識するところから始めさせていただきます。

“ズレ”が新しい表現活動を生む

表現はつねにズレながら発生します。自分の抱えるモヤモヤをなんらかの形で表現しようとしても、もともと明確なビジョンがあるわけではないので、形になったものがズレて具現化されます。そこで、表現者はそのズレを手がかりに次の表現へと向かいます。言ってみれば、プロのアーティストは生涯ズレ続けることが必要なのかもしれません。

ここでもう一つ注目したいのは、つくり手と受け手の中に生じるズレです。つまり作家と観客の認識のズレ。じつは相当面白いイメージが立ち上がる現場はそこではないかと思うのですが、社会的にはあまり注目されていないようです。

たとえば、これは「カメハニワ」[*1]というキャラクターをつくったときの展示ですが、制作した当時、僕は就職のこととか、社会的にどういう肩書きを覆っていくのかについて多くのモヤモヤを抱えていた。たんに生物的に「生きること」と、社会的に「生きること」のバランスを物語ろうとした表現でしたが

*1 カメハニワ

カメハニワの棲む島
1985年多摩美術大学展示室
TAMAVIVANT

…。展示室の床に土を盛り、芝生を敷いて島の状態をつくり、その上にカメハニワを並べて毎日芝生に水をあげていた。それを目撃した大学生が「藤さん、これはいけばなですね！」と言う。僕はいけばなのことはわからないし、そんなつもりはまったくない。しかし、その彼（假屋崎省吾氏）はそこからあるイメージを得て、独自の活動を始める。ギャラリーに泥を敷き詰め種を植えたりしながら、現代いけばなの世界で新しい表現スタイルを確立し注目されていった。観客はそれぞれの立場や問題意識をもって観ていますから、ズレて当たり前ですが、そのズレが新しい表現活動をつくるうえでとても重要であることはあまり認識されていない。もちろん、ワークショップの知的財産権を考えるうえで、そこはネックになると思います。

手法や考え方を伝えるためのワークショップ

僕の活動の周辺では、80年代[★2]後半あたりからワークショップが美術館で行われるようになりました。僕らは自分の「モヤモヤ」に向かい合ってどうにか表現しようとしているわけで、商品として流通するようなモノとしての美術作品は制作していない。そういう時期に、美術館からワークショップを頼まれ、何もわからないままにとにかくギャラがもらえるので、喜んでやっていた記憶があります。当時は自分が使っている表現の技術や手法、考え方などを紹介し体験してもらうワークショップ[★3]をしていました。でも少しずつ疑問を抱き始め、

★2 **美術館におけるワークショップ**
80年代に公立美術館の設立が相次ぐ中、教育普及活動の一つとしてワークショップが行われ始め、次第に日本独自の発達をたどることになる。

★3 **土にカエルお米**
おにぎりでお米の蛙を制作すると同時に自分の将来の歴史のノートをつくってもらうワークショップ。1993年直島ベネッセハウス

＊4 灰塚ダムには龍がいた

表現の手法を転換した記念すべき一枚のドローイング。1996年灰塚アースワークプロジェクトのためのドローイング。

＊5 ラホール美術大学でのワークショップ

1997年パキスタンのラホール美術大学で行ったカイトをあげるワークショップ。

自分にもこどもができ、いろいろな問題が見えてきて、90年代半ばごろからワークショップという形を使って何か新しい表現ができるのではないかと本気で考えるようになりました。

新しい空間をつくり出すための表現手法

これは広島の山間部の灰塚という地域で1996年に描いたイメージスケッチ[4]で、ロープにつるされたカイト(凧)が谷間を全部覆っている風景のイメージです。ダム湖の水面を覆いつくすように数千のカイトがつるされ、風が吹くと上に揚がる。カイトがロープを持ち上げ、凧のドーム状態になるイメージです。新しくつくろうとしている全長30キロくらいのダム湖の形が龍の形をしていることに気づき、それを強調するために、凧一つ一つを龍の鱗に見立て、凧がダム湖を覆うことで、龍の形を浮上させようというプランでした。その風景を完成させる結果を重要視し、お金を集めて実現することもできるのでしょうが、僕はその実現までのプロセスが重要だと考え、そこにワークショップという表現手法が使えるのではないかと思い始めます。

その後、パキスタンのラホールで美術大学の学生に対するワークショップ[5]を行ったとき、学生たちと学校の中にロープを張り巡らし、凧をつるして実験しました。すると、現地のこどもが隣の建物の屋上からひょろひょろと凧を上げて、こっちの凧の紐を見事にブチッと切っちゃった。「なんだ?」と思っていたら、じつはラホールという街は、大規模なカイトフェスティバルが開催されるところで、毎年春になると数万個の凧が空を覆うのだとか。その話が僕に「フェスティバル」というヒントを与えました。フェスティバルを仕かけることで、みんなが自主的に凧をつくり、結果的に空間が凧で覆われることになる、フェスティバルという仕組みが新しい風景を創出するわけです。そこにワークショップという表現手法が役に立つと考えるようになりました。

風景を創出する仕組み

カイトで覆われた空間をつくるのは大変ですが、そのプロセスのイメージを簡単なツールで実験したのが、紙袋の灯籠を使って大きな絵を描く表現です。[*6]当初は廃校になった小学校の校庭を住民の活動の場として使う仕組みをつくるデモンストレーションとして実施しました。その地域で灯籠を使って街を飾るイベントを始めていたのでそこに組み込むことを考え、校庭に約7000個の灯籠を並べて大きな絵を描きました。僕が提案したのは「もっとも安く、早く簡単にたくさんできる灯籠」のツールと「ある方向から見るとある図柄がきれいに見える並べ方」の手法です。初年度は地元の若手建築家グループに手伝ってもらい、次の年は彼らが地域のこどもたちへのワークショップを実施しながら展開していく仕組みが完成しました。一つの小学校から始めたのですが、[*7]翌年から祭りが急速に拡大し、いまは周辺地域を巻き込んだ大規模な新しい祭り

＊6
公庭は素晴らしい
1998年福岡市御供所小学校跡の校庭で行ったデモンストレーション。ミュージアムシティ福岡参加作品。

＊7
博多灯明
毎年福岡市内で開催されるようになった。
http://toumyouhakata.net

になっています。

その後多くの人がかかわり、さまざまな地域で展開し、素材の使い方や地上絵の描き方・見せ方・ツールや技術が開発され、それを伝える新しいワークショップが発生しています。街づくり系のイベント会社や広告代理店がかかわって大きなお金が動くようになると、それぞれがつくってきたノウハウの権利をどのように守るかという話になったりしますが、僕自身はさまざまな活動やノウハウが発生する基本システム（ＯＳ）の提案に興味が移っていきます。

ＯＳ的表現とデモンストレーションとワークショップ

地域の中で新しい活動が発生するシステムをつくり出すのに大切なことはもっとも身近で単純な、扱いやすいツールとノウハウなのではないかと考え、注目したのがビニプラ素材[*8]です。１９９７年、福岡の田舎の農家に暮らし始めたのをきっかけに、家庭から排出されるゴミを捨てない実験を始めました。当時は「家庭内ゴミゼロエミッション[*9]」と呼んでいましたが、貯まり続ける素材の中で、量的に一番多いモノがビニプラ素材でした。日本の家庭から膨大な量のビニプラ系素材が排出されている事実に注目し、それを地域活動の仕組みづくりに利用できればすごいのではないかと考えました。

１９９９年、2年間コレクションしたビニールプラスチック類の素材を色や材質、形や大きさ別で１００種類以上に分別して、セレクトショップのディス

*8 ビニプラ素材

１９７０年代に発生し、その後社会の流通を変え、生活様式を変えていった重要な素材。しかし原油からつくられ、環境悪とされている状況をみると、このままビニプラパッケージが大量消費をささえる時代は数十年後にはなくなっているのではないかと考えている。つまりビニプラ類の発生から消滅までの時期と筆者自身が生まれてから死ぬまでの時代が重なる。それがこの素材と真剣に向かい合うことになった理由。

*9 家庭内ゴミゼロエミッション

家庭生活で通常廃棄するゴミをすべて洗浄して分別してストックする試み。生ゴミは分解し、リサイクルに出せるものはリサイクルし、残りのほとんどをコレクションする。筆者は最初の数年間、98％をコレクション、現在でも90％はコレクションしている。

プレイのような状態で展示し、同時に「それらの素材を使って何か面白い作品や活動を考えてみませんか」と呼びかけてみた。そこから「ビニール・プラスチック・コネクション（VPC）」[*10]が始まります。これは参加者それぞれがビニプラ素材を利用して活動をつくり、その活動が連鎖していく仕組みです。協力者と一緒に活動のサンプルをつくりながらそれを映像化し、その映像を使ってワークショップをしながらそれぞれの地域独自の活動が発生することを呼びかけました。そのいくつかを紹介します。

・ペットボトルカヌー ⓐ

これはペットボトルでカヌーをつくりました。ペットボトルが軽くて浮かびやすく、つないでいろいろなものをつくることができるということを伝えて、「カヌーレースをやったらどうか?」などのイメージを与え、創作のイメージを拡げます。

・海亀 ⓑ

ペットボトル約3000本でつくった海亀の中にライトを仕込んで夜の川を航行します。伝統的なみこしとは別に、住民が集めた現代の素材で新しいみこしを制作し、みんなで担いで地域の池や川や海に流してみては…というデモンストレーションです。

・ビニプラカフェ

ペットボトルでカウンターや椅子をつくり、地域の人たちが集い、対話の場をつくる提案です。素材はみんなでもち寄りつくることができ、場所の大きさ

*10 **VPC**

ビニール・プラスチック・コネクションは、コレクションの「レ」の文字を「ネ」に変えるだけで大きく意味が変わるという駄洒落から発生。

ⓐ ペットボトルカヌー

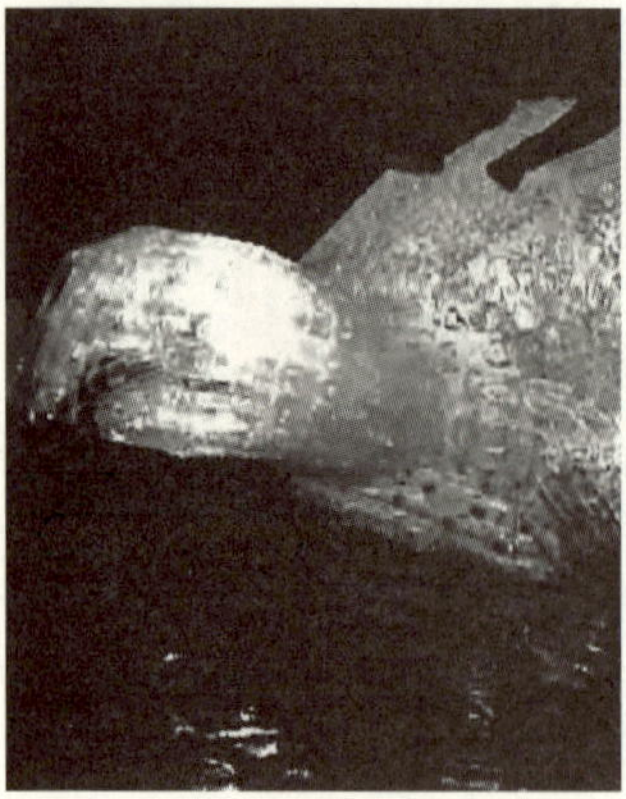

ⓑ 海亀

ⓒポリクラフト

や利用法に合わせて組み替えできるようになっています。昼はこどもの遊び場に、夜は大人のバーにと組み替えることもできます。

・ポリクラフト ⓒ

ポリ袋で織物をつくり、バッグなどの日用品とする提案です。「ポリクラフト」と勝手に名前をつけています。手法は簡単。「洗って乾かしてテープ状に切ったものをセロテープでつなぎ、それを手づくりの織り機でガシャガシャ織る」。ポリ袋はとても丈夫で色が鮮やかで、じつは結構使えます。

・テープニット

ビデオテープで編んだ帽子とかバッグとかベストです。不要になったビデオテープ1本で相当な量の編み物ができます。水に強く丈夫で不思議な素材ができあがります。

ワークショップでつくった映像作品「Viny-Pla Show」

ＶＰＣ[*11]を展開する中で岐阜県上石津町の音楽ホールで行ったワークショップは多層構造になっていて複雑ですが、かなり面白い例だと思います。この音楽ホールは、主催するイベントやワークショップに地域のこどもたちの参加が少ないという悩みをもっていました。地域と音楽ホールをつなぎたい！　というオーダーでした。そこでまず町内のすべての小学校に出向き、夏休みの終わりに行う音楽ホールでのワークショップの導入の授業を実施しました。さきに紹

*11　**ワークショップの多層構造**

地域にはさまざまな年齢・職業・趣味・嗜好の人がおり、それぞれの人にとって大切な活動をつくるためには、多層なコンセプトと多層な表情を仕かけたほうが有効であるととらえている。

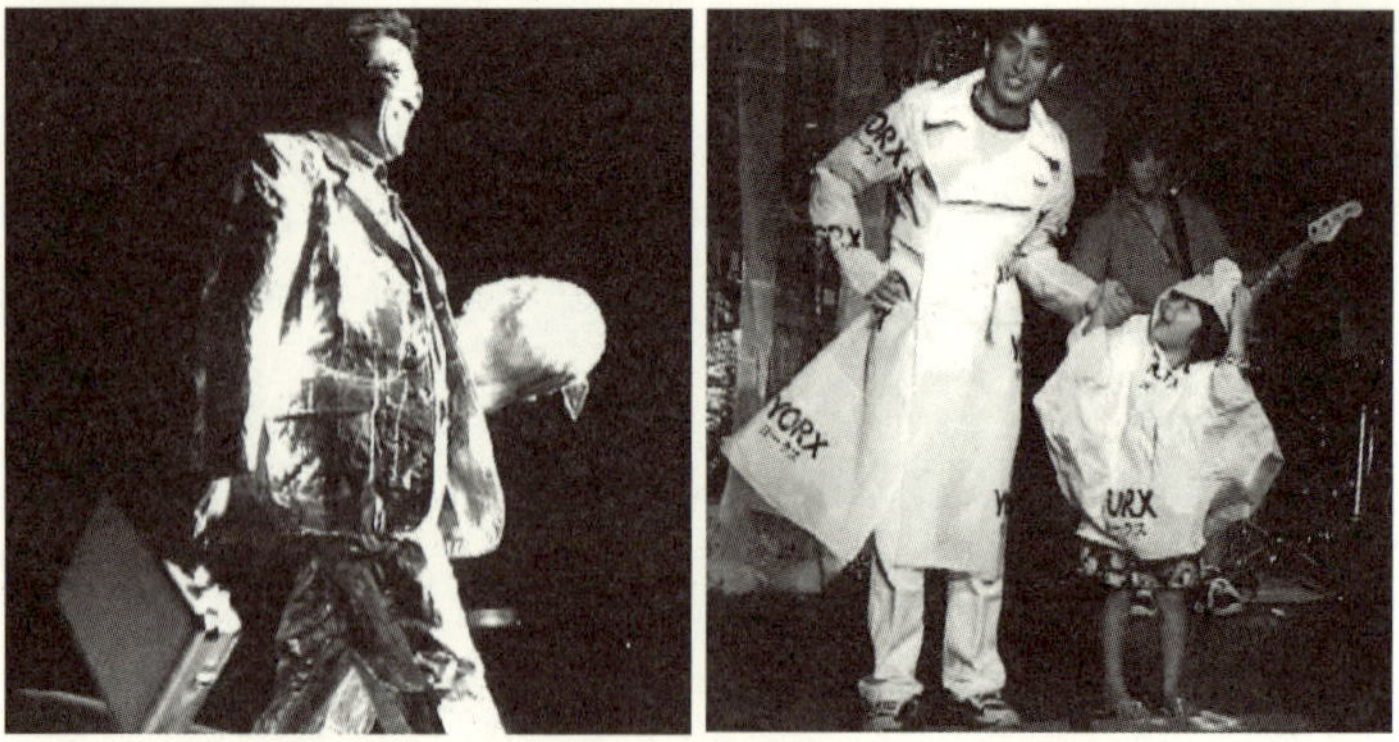

d ビニプラショー

介した映像を見せながら、家庭にころがる素材でいろいろなものがつくれるというイメージを与え、ポリ袋を使った作業を体験させ、夏休みの終わりに音楽ホールで開催するワークショップへの参加を呼びかけます。こどもたちから作品、モデル、メイク、照明、音響スタッフを募集し「ビニプラショー」のワークショップを開催しました。

ワークショップは2日間。1日目は2時間のワークショップ。みんなで持ち寄った作品で衣装合わせをし、ロックバンド「ハイエナ」が大音量でオリジナル曲を演奏する中で歩く感覚を体験し、役割を決め小道具の確認をしました。

次の日は舞台周辺でビデオカメラを5台回し、「ビニプラショー」という映像をつくるための約4時間のワークショップ。バンドに1場面ごとに1曲の演奏を繰り返してもらい、その中で、こどもたちにいい動きができるまで何回も繰り返し歩き、動いてもらって指導し、いい映像が撮れたところで次の場面へ。こどもたちの保護者や親戚、近所の人などは観客となり、こどもたちを盛り上げつつ、10場面まで撮影。最後には音響などの担当も舞台に上げてインタビューしながら結構盛り上がってワークショップは終了。映像は僕が持ち帰り編集して5分間の映像作品「ビニプラショー」dを制作。後日学校で完成した「ビニプラショー」の上映会をしてもらいました。こどもたちは自分たちが出演している本当のファッションショーのような「ビニプラショー」という映像作品を見ることになります。

こどもたちに対しては大きく三重のワークショップを行ったことになりま

す。素材の利用法のイメージを伝えるワークショップと舞台で動き演じるというワークショップ。それに映像がどのようにつくられているかというメディアのあり方に対する認識のワークショップ。

音楽ホールにとっては小学校との連携をつくるワークショップであり、その後、ホールと学校との連携が活発になりました。地元の若者に音楽を担当してもらい、その彼女たちにもコギャルメイクの指導をしてもらい、担任の先生や校長先生、見に来ていた保護者にもモデル出演をお願いすることで、これまでなかった町内の面白い人のつながりが生まれました。僕としては小学生が出演する映像作品を釜山ビエンナーレに出品することができました。ワークショップが多層に絡むことでかなり面白いことができると確信した仕事でした。

こどもたちのさまざまな活動を発生させる仕かけ

家庭内ゴミゼロエミッションを行う中、当時、小学1年生と保育園児だった娘たちのおもちゃが片づかずに困っていました。それに、おもちゃは多種類の素材が複雑に組み合わさってできており分類しづらく、しかも、まだまだ遊べそうなおもちゃをバラバラにすることにも違和感をもっていました。それをどうにかしようと生まれたのが物々交換のお店「かえっこショップ」。それが発展、成長してできたのが「かえっこカード」*12というスタンプカードを使ったkaekkoシステムです。ここでkaekkoのシステムを説明します。

*12 **かえっこカード**

こどもの心をもった人だけが使える世界共通の遊びの「こども通貨」と位置づけている。

①まず「かえっこバンク」にいらなくなったおもちゃをもって来てもらいます。そこでは「バンクマン」を担当するこどもが、もち込まれたおもちゃを査定して「カエルポイント」を発行します。原則的におもちゃの査定基準は1~3ポイント。「まあまあのおもちゃ1ポイント、そこそこ2ポイント、なかなか3ポイント」となっています。

②かえっこバンクの裏では、入荷されたおもちゃに売るための値札をつけます。値札をつける人は、入荷した値段と関係なく、自分の主観で値札シールを貼ります。これは1ポイントの商品には赤いシール、2ポイントは黄色、3ポイントは青いシールを貼ることになっているんです。いいと思ったら3ポイント、売れにくそうなら1ポイントというふうに。そして運送係の人がおもちゃを「かえっこショップ」に運び並べます。

③お客のこどもは「かえっこショップ」で欲しいおもちゃを探し、「かえっこカード」の「カエルポイント」を使って買い物をします。ショップ担当の人は、おもちゃのポイント数を確認し、その分のスタンプをペンでチェックしてポイントを消します。ショップはレジ形式、対面販売形式など場所や会場の大きさ、こどもたちに何をさせたいかによってさまざまな形式で設定できます。「いらっしゃいませ!欲しい物が決まったらどうぞ…」と明るく声をかけることも重要です。

これが一通りのシステムですが、ここからが重要な仕かけです。

④Kaekkoではおもちゃをもって来ていなくてもポイントがもらえる仕組みを

*13 **カエルポイント交換券**

この券は「かえっこバンク」にもっていくと「カエルポイント」と交換できる。不正なコピーなどを防ぐため、世界共通のこども通貨ではなく、開催地ごと、その回ごとに変わるものが望ましいと考えているので、有効期限は基本的に「当日の開催時間内のみ」。

*14 **かえっこオークション**

2001年に北海道の人たちが開始。人気のあるおもちゃが入荷されたとき、3ポイントで販売しようとすると、早い者勝ちで、取り合いの喧嘩になってしまうのをどうしようかと考えた末の企画だったが、予想外の効果も生まれ、その後すっかり定着した。人気商品は「感動ポイント」(*15)で買い取り、「オークションコーナー」に飾り、通常の販売はできない。オークションの時間まで、スタッフになっているこども安心して仕事に専念でき、体験コーナーも賑わう。

用意しています。さまざまな体験や遊びのワークショップコーナーを設けてそれに参加することによってポイントがもらえるんです。主催する大人が企画の趣旨に合わせて用意することもあれば、こどもたちがその場で考えるときもあります。そこでは基本的には1～3ポイントの「カエルポイント交換券」[13]でポイントを発行します。

⑤さらにバンクマンやショップ・流通担当者・ワークショップなどスタッフとして参加することでこどもたちは「はたらきポイント」をもらえることになっています。10分から15分をサポート時間の目安としてその分基本的には7ポイントから10ポイント程度のポイントがもらえるような仕組みにしています。

⑥もう一つの仕かけは「かえっこオークション」[14]という仕組みです。バンクでは「感動的なすごくいいおもちゃ」が入ってきたときだけ例外的に、「感動ポイント」[15]を発行できます。そのおもちゃは「オークションコーナー」に飾られて、イベントの終了30分前に[16]、「かえっこオークション」にかけられます。こどもたちが貯めたカエルポイントでオークションをやりますから、ポイントをたくさんもっているこどもが有利になります。それに気づいたこどもたちはさまざまなワークショップに積極的に参加したりスタッフになって働いたりするわけです。

「かえっこカード」[17]と「カエルポイント」は、世界共通のこども通貨と位置づけています。かえっこが開催されているところなら世界中どこでも使える国境を越えた通貨です。実際にこれまで、韓国、中国、台湾、タイ、バングラデ

*15 **感動ポイント**

3ポイントまではとても査定できない豪華なおもちゃ、大型のゲーム類やゲームソフト、巨大な消防車や合体系ロボット等…。とにかくバンクマンが感動するような商品がもち込まれたとき、バンクマンは自分が感動して手が動いた分だけ（4ポイント以上～上限はとくに決めていない）のカエルポイントを発行。

*16 **オークションの様子**

千人規模で参加するかえっこの場合、オークション品もかなりたくさん集まる。オークションだけで最高2時間かかったことも。30分前にワークショップコーナーをクローズし、オークションを開催するのがよいが、場合によっては1時間前に設定することも可能。

＊17 Kaekkoの特徴

どこで、誰が開催するかで、kaekkoのコンセプトが変化することが重要。学校で教育プログラムとして開催することもあれば、商店街活性化の目的で空き店舗や歩行者天国などで行ったり、リサイクル目的で環境展やリサイクルプラザなどで定期的に開催するケースもある。目的に応じてさまざまなワークショップが発生する仕組みになっているのが特徴。ワークショップの運営に、こどもをスタッフとして参加させることにより、地域の大人とこどもの新しい関係性をつくることにも役立っている。

ッシュ、ドイツ、アメリカなどで実験的に開催しました。日本のこどもたちのおもちゃは海外のこどもたちにとって魅力的ですし、海外のこどものおもちゃや日用品も日本のこどもたちには人気があります。しかし、それよりも大切なのはイメージの広がりです。自分たちのいらなくなったおもちゃが世界中を旅して海外のこどもたちの手に渡っていくというイメージの拡がりをつくり出すことが重要だと思っています。

「〇〇と」という関係の中から価値をつくり出す

モヤモヤから新しいイメージを立ち上げる表現活動は、社会の中でいまだ見出されていない新しい価値をつくりだす作業だと思っています。社会的には価値のないもの、何でもないと思われているものに対して何らかの手を加え、エネルギーを与えることによって、まったく別の状態にしてしまうこと。それがアートと呼ばれる技術なのではないかと考えます。それはオリンピック選手の想像を絶する動きや行列をつくるラーメン屋のラーメンの美味しさについて、「芸術的だ！」と賞賛する意味と同じところにあると考えます。本来の能力を完全に超えて、すごいものにしてしまう技術を人は芸術と呼びます。

何でもないものからある価値を生み出すというプロセスの中で、僕は絶対的価値というのを信じていません。価値というのは状況や時代、場所によって変わる。それはよく認識されていることですが、自分としては、さらに価値を決定づける別の大切な要因「誰と」に注目しています。物事に対して、誰と対峙するかで価値は大きく変化するという点です。一杯の酒にしても、誰と飲むかで味や意味、価値が変わります。極端な例でいうと、美味しい酒の開発研究者と飲む場合と、アルコールがだめな人と飲む場合と、一番大切な恋人と飲む場合と、そこにある酒の味は変化するはずなんです。

さらにいえば、「誰と」という状況をつくっていくことが、物事の価値をつくりだすことになると考えています。たとえば家族関係の中でも「妻と」あるいは「こどもと」何かやることで、これまで何でもなかった日常から、かけがえのない意味や価値をつくりだすことができるのではないかと…。ワークショップはそれ自体「○○と」という状況が設定されていますから、その「と」という状況をつくるうえでじつはとても有効な技術なのです。逆に捉えると、同じ内容のワークショップでも状況や対象者によってはまったく意味も価値も発生しない可能性をおおいにはらんでいるわけです。

つまりワークショップがもつ価値はツールや手法にあるのではなく、「○○と」のところにあるのではないかと思っています。

4

第四章

美術館の教育普及事業からみた知財

寺島洋子

国立西洋美術館の特徴

　わたしは国立西洋美術館で教育普及を担当しています。当館は、第2次世界大戦中にフランスで保管され、敗戦によって敵国財産として没収された松方幸次郎氏の個人コレクションが、戦後松方家（個人）ではなく、日本（国）に寄贈返還されることになり、それらを保管・展示するために設立した美術館です。所蔵作品の核となる松方コレクションにロダン、モネ、ルノワールなどのフランス近代の作品が多いこと、また、西洋美術を概観できる美術館を目指して、その後に購入したオールドマスター（18世紀以前の作家）の作品が数多く見られることなどが特徴となっています。

　最近は国立西洋美術館もだいぶ柔らかくなったという感想もいただくのですが、法人化[*1]される以前は今以上に敷居の高い美術館という印象があったのかもしれません。敷居の高さを感じさせる要因は一つではありませんが、来館者と直接かかわる教育普及活動の担う責任は大きいかもしれません。

教育普及プログラムの概要

　さて当館では、基本となる3つの目標を立てて教育普及活動を行っています。

①美術館と美術作品への関心と興味を引き起こし、美術館の利用を促進する。

*1 **法人化**
行政改革の一環として、2001年4月1日、東京国立近代美術館、京都国立近代美術館、国立西洋美術館、国立国際美術館および国立新美術館（当時は準備室）をまとめて独立行政法人国立美術館を発足。

*2 **ファン・ウイズ・コレクション**
毎年夏季の2カ月にわたって実施している小企画展。1995年に「子どものための美術展」として始まったが、2002年からは対象を大人まで広げてFun with Collectionと改名し、現在に至る。

*3 **セルフガイド**
作品の観賞を補助するヒントや解説が盛り込まれた印刷物。

②美術作品を通して、さまざまなものの見方や考え方を提供し、人生を豊かに生きるための感性と考える力を養うことを支援する。③幅広い年齢層、多様な知識、経験、関心をもつさまざまな人々の自発的な学習を支援する。この目標に沿って、現在行われているプログラムを対象別に紹介しようと思います。

まずは、こどもから大人までを対象としたもので、「Fun with Collection ファン・ウィズ・コレクション」[2]といって、テーマを設けて当館のコレクションをさまざまな視点から紹介するプログラムです。基本的には、①作品展示、②作品を見るときの手助けとなる無料のセルフガイド[3]、③もう一歩踏み込んでそのテーマについて考えたり、体験したりする創作・体験プログラム[4]という3つの要素で構成しています。のちほど2005年と2006年の2年で企画構成した「ファン・ウィズ・コレクション」を紹介します。

大人を対象としたものには、主として展覧会に関連した講演会やスライドトーク[5]などがあります。当館では2004年から始まったボランティア・プログラムも、最終的にはボランティア・スタッフがプログラムの実施者とはなるのですが、大人対象のプログラムに位置づけています。それから、東京藝術大学の演奏芸術センターと協力して、年に1回いずれかの展覧会に関連して行うコンサートがあります。

家族を対象としたファミリープログラムは、6歳〜10歳のこどもと同伴の大人を対象に、2種類のプログラムがあります。一つは、「びじゅつーる」ⓐといって常設展示室で作品を見る手助けとなる道具やゲームなどが詰まった

---

*4 **創作・体験プログラム**

他館でいうところのワークショップに相当するプログラムで、国立西洋美術館ではこの名称を使用している。

*5 **スライドトーク**

展覧会の趣旨や見どころについて、講堂でスライドなどの画像を使って行う解説。

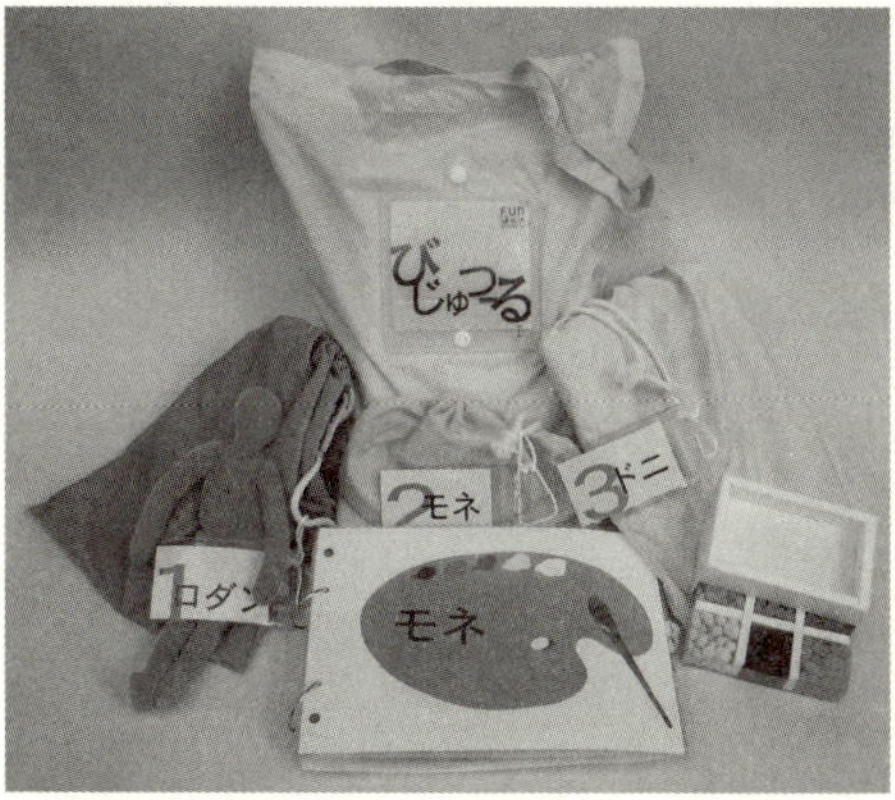

ⓐ 2002年度のインターンが作成した「びじゅつーる」

b 「なぞ★謎★びじゅつかん」（2006年7／8月の「どようびじゅつ」）の創作風景

キットの貸し出しです。美術館で作品を見るのは初めてという親子に使ってもらうことを想定してつくられています。もう一つは、「どようびじゅつ」bといって美術館のスタッフがファシリテーターとなって行う作品観賞と簡単な創作活動がセットになった2時間ほどの予約制プログラムです。これらはいずれもボランティア・スタッフによって運営されています。

さらに、学校団体を対象とした常設展で行う「スクール・ギャラリートーク」[6]があります。これは以前から要望があったのですが、スタッフが不足していたため、「ファン・ウィズ・コレクション」の企画で2ヵ月という限定された期間で行っていました。ボランティア導入を機に、1年を通じて対応できるようになりました。

また、教員を対象とした展覧会ごとに行う「先生のための鑑賞プログラム」があります。展覧会の企画担当者が40分くらいで企画趣旨や見どころを説明した後、自由に展覧会をご覧いただくものです。ここでは、鑑賞のための指導をするのではなく、ふだん忙しくて展覧会にいく機会を逸している先生方に、金曜日の夜を美術館でゆっくり楽しんでもらうことが目的です。一方、夏季に実施している「教員研修」[7]は、美術館の利用や鑑賞に関するプログラムです。ここ数年、東京都図画工作研究会[8]と東京国立近代美術館と国立西洋美術館の3機関が協力して研修を企画・実施しています。そこでは、鑑賞について、また学校が美術館を利用するにあたっての問題点などについて話し合っています。この研修のメリットは、先生と美術館スタッフが直接交流することで、お互いを

*6 **スクール・ギャラリートーク**
小・中・高等学校の団体が対象。常設展から主題・年代・表現の異なる4つの作品を選び、少人数のグループに分けて行う。観察を促し、思考力・表現力を育てることを目的とした展示室で行う対話型トーク。

＊7
東京都図画工作研究会

東京都の公立小学校の図画・工作教育に携わる教員が組織している研究団体。http://www.interq.or.jp/tokyo/tozuken/index.html

＊8
東京国立近代美術館

1952年日本で最初の国立美術館として京橋に開館。1969年に現在の北の丸公園地区に移転、1970年に京橋にフィルムセンター開館。1977年に工芸館が開館。明治40年から今日までの日本および海外の美術作品を所蔵・展示している。

＊9
ジュニアパスポート

小・中学生を対象に、チケットとして無料配布している展覧会ガイド。2001年に美術館が独立行政法人となり、小・中学生の入場料が無料になったときから作成している。

より理解できるようになったこと。これを始めてから当館の「スクール・ギャラリートーク」を利用される先生が増え、最近では先生自身が美術館でトークをするなど、より積極的に美術館を利用されるケースも出てきています。

最後に大学院生以上を対象としたインターンシップは、美術館の人材育成を目的としたプログラムです。学芸員資格取得のための博物館実習とは異なり、より専門性の高い経験を提供するので、大学院生以上が対象です。教育普及、絵画彫刻、版画素描、情報資料、保存修復など各専門分野ごとにインターンを受け入れています。期間は3ヵ月以上6ヵ月未満で2年まで延長可能です。しかし、無給なのでこれまで2年まで延長したインターンはいません。教育普及のインターンシップ・プログラムでは、教材開発（「びじゅつーる」「ジュニアパスポート」[＊9]）や「ファン・ウイズ・コレクション」のプログラム補助などを実施しています。これも後でもう少し詳しく紹介します。以上が西洋美術館で現在行われている教育普及プログラムの概要です。

プログラム参加者の著作権と肖像権

それでは「ファン・ウイズ・コレクション」について、2005年と2006年の企画を例にもう少し詳しく説明します。みなさんのお手元に配られたのが、「いろいろメガネ Part 1 —あなたの見かた教えてください」と題する2005年の「ファン・ウイズ・コレクション」のチラシです。通常は美術館がテ

ⓒ「なぞ★いろいろメガネ Part1―あなたの見かた教えてください」（２００５年）のチラシ

*１０
あなたがつづるこの一点
常設展示室の中から気になる1点を選び、感じること、その作品にまつわる想い出、自分なりの解釈・物語などを綴って応募するエッセイ・プログラム。２００５年のPart 1で募集し、結果を２００６年に公開。

ーマを設定し、10点から15点の作品で構成する小展覧会によって作品の見方の一つを提供するのですが、「いろいろメガネ」では考え方を変えて、われわれが視点を提供するのではなく、来館者がいつもどのように作品を見ているのかを逆に教えていただくという企画にしました。今回は2年にわたって実施し、1年目の成果を2年目には「いろいろメガネ Part 2 ―みんなの見かた紹介します」として公開発表するようになっています。作品の見方は十人十色というように人の数だけあることを強調すると同時に、来館者の声をプログラムに反映させることを重視しました。チラシⓒにあるように、２００５年はこれまでのファン・ウィズ・コレクションとは違って、夏秋冬と1年を通じてプログラムを行いました。いずれも自分なりの作品の見方、楽しみ方について考え、さらに他者とそれらを交換することを目的とした内容です。

「あなたがつづるこの一点」[*10]には、全部で４３３点のエッセイが集まり、その中から賞に選ばれたものは、現在展示室のその作品の横にパネルにして展示しています。これらは、応募者の作品を使ったプログラムで、その文章の著作権は書いた本人にありますが、応募規定の中に応募作品の著作権は美術館に帰属するとお断りして、作品は返却しないことを条件に募集しました。賞は設けましたが、作文コンクールを意図したわけではないので、受賞作品だけでなく、４３３点すべてをまとめた冊子をつくり、展示室に置いて自由に読んでいただけるようになっています。これは人気があって、「この冊子は販売していないんですか?」という問い合わせがいくつもありましたが、著作権は美術館にあっても、応募者の作品からなる印刷物なので、利益が派生する販売という形式は取りませんでした。

11歳の男の子が、マネの描いた「ブラン氏の肖像」という絵について書いた物語はとても愉快で、独創的で、3人の審査員全員から賞をもらいました。わたしも、それを読んでからこの絵の見方が変わりました。以前はブラン氏の人柄とかはとくに気にしなかったんですが、いまではブラン氏がとてもお茶目な人物に見えてきました。みなさんもぜひ美術館に来て、エッセイを読む前と後で見方が変わるかどうかを体験してみてください。

この企画に関連して2005年実施された創作をともなうプログラムは、2006年その作品を公開展示して来館者のみなさんにフィードバックします。「ファインダー越しの美術館」は、常設展にある作品、あるいは建物をデジカメで撮影して自分なりの視点やテーマで当館の写真集を作るプログラムでした。これは撮ってきた写真をそれぞれ並べて、どういうテーマで切り取れるか編集しているところ(d)です。でき上がったオリジナル作品は参加者が持ち帰りましたが、コピーをつくる許可を得ているので、2006年はそのコピーを展示する予定です。

また、プログラムの企画と進行を、[*11]ゴウヤスノリさんにお願いした[*12]「感じたままに詠んでみよう!―セイビdeハ・イ・ク(俳句)」と[*13]「集まれ!こども審査員―お気に入りに賞をつけよう!」、さらに、これはゴウさんの企画ではありませんが[*14]「国立西洋美術館いいとこ撮り―子ども撮影隊が行く!」などで

(d)「ファインダー越しの美術館」(2005年夏)の作業風景

*11 **ゴウヤスノリ**

美術館や病院などの公共施設において、アートを媒介にさまざまなワークショップを企画・実践している自称ワークショップ・プランナー。

*12 **感じたままに詠んでみよう!―セイビdeハ・イ・ク(俳句)**

作品の印象を五・七・五の言葉に表す俳句プログラム。ただし、1人で一句を詠むのではなく、3人で五・七・五をそれぞれに詠みつないで一句を完成させる。

＊１３
集まれ！こども審査員——お気に入りに賞をつけよう！

自分が審査員となって、常設展から気に入った作品、気になった作品を選び、それに賞をつけるプログラム。

＊１４
国立西洋美術館いいとこ撮り——子ども撮影隊が行く！

美術館のお奨めスポットや、お気に入りの作品を紹介するビデオを制作するプログラム。

ⓔ「ドレスデン国立美術館展——世界の鏡」（２００５年）のジュニア・パスポート

参加者が制作した作品も公開展示します。今回は企画のテーマ自体が個人の考えや表現を重視しているので、参加者の著作権にも気を使いました。いずれの場合も事前に提示した条件を承諾してもらうか、参加者の同意を得るかして、成果物を活用させてもらっています。

　今回に限った話ではありませんが、当館ではプログラムの記録をする際、撮影の目的とその後の使用について説明を行い、署名による承諾を取るようにしています。最近は、こどもの肖像が犯罪に結びつく心配もあり、ファミリープログラムでは保護者の同意を得て、それが得られない場合は撮影しないようにしています。

インターンの著作権と知的財産権

　次にインターンシップ・プログラムについてお話しします。これは、２００２年から開始した研修制度で、教育普及担当者だけでなく、学芸課全員がそれぞれの専門に応じて受け入れています。何か特別な授業とか、コースがあるのではなくて当館の業務を通して学ぶものです。その目的は、西洋美術に関する人材の育成と当館の活動をより広く理解してもらうことです。研修期間に関しては基本は4月以降、原則として3ヵ月以上6ヵ月以内で2年まで更新が可能ということ。受け入れ分野にはさきほどお話ししたようにいくつかありますが、教育普及では２００５年度は「ジュニアパスポート」の改善調査と教育普及プ

*15 キアロスクーロ展ジュニアパスポート

「キアロスクーロ　ルネサンスとバロックの多色木版画」（２００５年）は、複数の版木を使った版画の展覧会だったので、版を重ねて絵柄を完成させる技法が理解できる体験作業をインターンが提案した。（巻頭カラー参照）

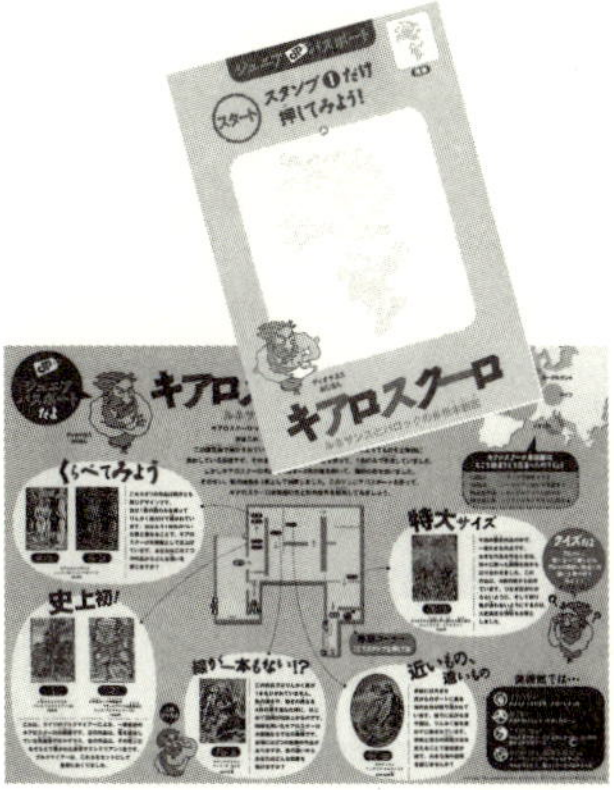

「キアロスクーロ　ルネサンスとバロックの多色木版画」展（２００５年）のジュニア・パスポート

ログラムの補助という2つにしました。受け入れ条件は無償、ただし往復の交通費を1日1０００円を上限として支給すること、また期間中の保険も美術館が負担することになっています。応募の条件は大学で西洋美術史を学び教育普及に関心がある者、あるいは大学で美術教育を学び教育普及に関心がある者、またはこれと同等の能力と関心がある者で一定以上の英語能力のある者となっています。大学院以上という下の制限はあるのですが、上に関しては社会人、あるいはもう一度大学に戻って勉強されている方など、非常に幅広く受け入れています。とくに教育普及は、学歴だけで適正があるかどうかを判断するのは難しいのであまり制限をしないで広く受け入れるようにしています。

２００５年度の課題は、「ジュニアパスポート」の評価調査および作成でした。これが従来のもので２００５年の夏開催された「ドレスデン展」用にわたしたちが作成したものです。ⓔもう一つのほうが、「ドレスデン展」の「ジュニアパスポート」の調査結果を踏まえて、次に開催された「キアロスクーロ展」*15用にインターンが作成した「ジュニアパスポート」です。

通常、印刷物は自分の考えや経験をもとに、あるいはほかの機関がつくったものを参考にしたりしてつくっていますが、本当は、実際の使い勝手について調査をしてつくりたいと思っていました。でも、時間に追われなかなか機会がもてずにいました。それを２００５年インターンと一緒に実施することができました。その結果、思いもかけないことがたくさんわかりました。

まず、「スクール・ギャラリートーク」での来館が一番多い小学校の５～６

年生が展覧会へも一番多く来ると勝手に思っていたのが、じつは中学生のほうが多かった。これまで内容を小学校の5年生くらいに設定してつくっていたのが現実とはズレていた。小学生は保護者なしで休日に1人で美術館に来ることはほとんどありませんが、友だち同士で来る中学生のほうが多く来ていることがわかりました。美術館で予約制のプログラムを実施すると、中学生の参加が少ないことから、中学生は美術館にあまり来ないものと勝手に思っていたのが間違いだったのです。

次に、「ジュニアパスポート」は大きいと邪魔になるので、小さいほうが使い勝手が良いだろうと思い、わざわざA3を四つ折にしていたのですが、折ってあると開かない子がいることがわかり、内容の適正を調査しようにも、そもそも読んでもらえていないことがわかった。ほかにもいろいろなことがわかりました。

そして、調査結果を反映させた「キアロスクーロ展」の「ジュニアパスポート」[★15]を見てください。B4程度の大きさでも差し支えないことがわかったので、内容がわかるように折らずに渡すことになりました。インタビュー調査で、「大きければ自分で折るからいい」という意見もあったので内容を見せることを最優先させたのです。それから、内容を中学1年生対象に設定し直しました。しかし、小学生も使うので、読むだけでなく体験作業もできるように裏側にスタンプが押せる部分を用意しました。最後の展示室を出たところに、スタンプ台をおいたところ、こどもだけでなく大人も喜んでスタンプを押していました。

ⓕ2003年度のインターンが作成した「びじゅつーる」を2004年度に改善したバージョン

このようにインターンの課題には、実際に美術館で使用する教材をつくることが多く、インターンの経験と自主性やオリジナリティーを大切にしています。しかし、それらは1人でつくるのではなく、ほかのインターンと共同で作成するもので、われわれスタッフの指導やアドバイスも入っています。これは2003年のインターンが作成した「びじゅつーる」ⓕで、現在ファミリープログラムで貸し出されています。じつは、正確にいうと「びじゅつーる」は2003年のインターンがつくったオリジナルではありません。これらは、次のインターンによって利用者調査を行い、その結果改善されたものです。たとえば、「絵をめぐる本」は、アイデアは変わっていませんが、形状が大きく変わりました。最初は地図の部分が板状だったのですが、調査の結果形状がデザイン的にこどもの興味を引く力が弱いことがわかりました。それで宝の地図的なものにしようということで巻物の形に変えたのです。これによって貸し出しの件数がすごく増えました。本の体裁も少し変えました。

このように共同作業でつくられ、さらに改善調査によって変更がもたらされる教材について、インターンの著作権と、改善変更された教材の知的財産権をどのように守るかを考える必要があります。「ジュニアパスポート」の場合、業務で作成する印刷物には製作者個人ではなく美術館のクレジットを入れるという教育普及のこれまでの慣例に従って、インターンのクレジットは入っていません。さらに「びじゅつーる」も、改善によってより多くのインターンがかかわることもあり、同様にクレジットは入れていません。

そこで、現物に制作者の氏名を入れるという方法ではなく、インターンシップの報告書と美術館の年報、あるいは紀要で顕彰することにしています。教育普及のインターンシップでは、活動内容を報告書にして提出するまでを研修にしています。２００５年度の報告書には、課題である「ジュニアパスポート」の調査の目的、調査方法、データ、データの分析と問題点の抽出、改善を含めた新しい「ジュニアパスポート」、そしてその新しいパスポートの調査とさらなる改善の提案までがまとめられています。

報告書や年報、紀要は、美術館の資料室にいけばだれでも読むことができる資料として登録されています。また、部数に限りのある報告書と違い、美術館の年報や紀要は他の美術館や大学の図書館でも見ることができます。当館では、このような公の出版物に文字として残すことで著作物にかかわった個人を明らかにして権利を守る方法をとっています。

また、この報告書は、教育普及のインターンにとって論文と同様に実績を証明する印刷物でもあります。研修とはいえ、6ヵ月に及ぶ無償の活動が次のステップのための実績として提出できるように、毎回必ず作成するよう義務づけています。そして、インターンには、レジュメの業績欄に当館での著作物を記載するとき、それに関する記事を書くとき、あるいはそれについて発表するときには、共同制作であることをきちんと明記、あるいは言及するように伝えています。

展覧会の図録などでは監修、編集など、担当ごとの名前が詳細に書いてありますが、今後はこういった教育普及プログラムの共同作業でつくられる印刷物についても、責任として名前を出すべきと思いますし、やがては記載するようになるかもしれません。

美術館の写真をめぐる権利

ここで少し美術館での写真撮影とその利用についても触れます。「ファン・ウィズ・コレクション」のプログラム「ファインダー越しの美術館」では、三脚を使用して館内で撮影することを許可し、一方で撮影した写真をこの非営利の写真集以外には使用しないことを了解したうえで実施しました。美術館としては、プログラムであるという理由から通常の規則の枠を広げた例外的な措置です。もちろんでき上がった写真集はウェブにあげませんでした。

西洋美術館の作品のほとんどは著作権が切れています。ですから、当館ではかなり多くの所蔵作品を著作権申請なしに使用できます。ただ注意してほしいのは、これは一般の人が使用できるという意味ではなく、美術館が使用できるという意味です。展示作品の撮影は禁止しているのが普通ですが、当館では著作権が切れている作品については条件つきで撮影を許可しています。その条件とは、フラッシュと三脚を使用しないことです。著作権以外で館内での撮影を禁止する理由は、他の鑑賞者への迷惑と、個人の営利目的で作品を使用させないことなど。当館では、フラッシュと三脚を使用しなければ、それほど他の鑑

g 著作権とリンクについて
http://www.nmwa.go.jp/jp/html/copyright.html（2007年2月現在）

賞者には迷惑にならないと考え、またその2つを使わなければ、営利目的で使用できるような写真は撮影できないだろうと考えて館内の撮影を許可しています。しかし、最近のデジタルカメラの進歩はめざましく、精度も良くなり、かなり暗くても、また手振れ防止もついているので、この2つの条件を守っていても営利目的で使えるような写真が撮れる可能性が出てきました。ですから、今後は、以前のように館内撮影は著作権のあるなしにかかわらず禁止になるかもしれません。

余談になりますが、ウェブに画像を掲載することについて、当館では画像の精度を落とし、ダウンロードして2次利用ができない程度にしてウェブにあげています。g もちろん、これは著作権が切れた作品だけです。しかし、このウェブにあげるということは、印刷物以上にそこからのコピーが容易になるので注意が必要です。最近個人の楽しみでホームページを作成し公開する人が増え、きれいに撮れた作品画像をそのまま個人のホームページに掲載する可能性が出てきました。これがまた館内撮影を禁止とする理由の一つとなるでしょう。

最後に、写真使用の許可について少しお知らせします。たとえば、学校の生徒が美術館で作文を書いて作品の写真とともに印刷したいなどという要望があった場合、特別観覧という規則がありその規則にそって許可します。特別観覧には、当館が所蔵する①美術作品等の撮影（写真、映画、ビデオなど）、模写・模造、熟覧を行うこと、②所蔵作品の写真原板から複写を行うこと、それから美術作品ではありませんが、③当館に著作権がある出版物や映画、スライド、ビデオ等の複製を行うことに関する規則が明記されています。学校の生徒の場合は、②に抵触するわけで、使用目的や印刷物に関する情報を添えて申請していただくことになります。

以上が簡単ではありますが、国立西洋美術館の教育普及事業の現場からみた知財の概要です。

5

第五章

CAMP—企業が取り組むワークショップ

北川美宏・石川敬子

企業の社会貢献プロジェクト「CAMP」

CAMP[*1]はCSKグループ（以下、CSK）の社会貢献活動として、2001年4月に、けいはんな学研都市にある研究と活動の拠点、大川センターでスタートしました。こども向けのプロジェクトとしてオリジナルのさまざまな創作ワークショップを提供しています。なぜCSKがこどものワークショップ？　と思われる方もいらっしゃると思いますが、CAMPは、CSKの創業者である大川功の思いをきっかけにして、わたしたちだからこそできる社会貢献の形を考えた末に生まれたプロジェクトなのです。

CAMPのワークショップがめざすこと

では、CAMPのワークショップはどんなものでしょう？　わたしたちはこのように考えています。「創作体験や共同作業、作品の発表を通じてこどもたちが楽しみながら、自分に合った表現方法を見つけ、コミュニケーションの輪を広げていく場」。そんな場を提供していきたいという思いで、いろいろなワークショップを開発・企画し、提供しています。

ワークショップはすべてオリジナルで、現在までに30種類ほど開発してきました。アーティストや研究機関とコラボレートしながらつくっているワークシ

*1 CAMP

Children's Art Museum & Parkの略。新しい学びのスタイルであるワークショップを通して、こどもたちの「未来を切り開く力」を育むCSKグループの社会貢献プロジェクト。2001年4月の活動スタート以来、オリジナルのこども向けワークショップを開発・開催するとともに、全国への普及活動も積極的に行っている。CSKグループ（以下、CSK）は、次世代を担うべき人材の育成を企業使命として社会貢献活動に精力的に取り組んでいる。その根底には、サービス業であるCSKが企業理念として掲げる「人がすべて」の精神がある。CAMPの5年間にわたる活動は「企業の社会的責任を事業化した模範的事例」として審査員の高い評価を受け、2006年度グッドデザイン賞を受賞した。

大川センター

ョップも多くあります。これまでに、21都道府県、約350回、6000人を超えるこどもたちがわたしたちのワークショップに参加してくれました。

いくつかのワークショップをご紹介します。まずはCAMPの代名詞ともなっている「CAMPクリケットワークショップ[2]（以下、クリケットワークショップ）」です。小さなコンピューター「クリケット」を使って動くおもちゃをつくります。「CAMPデジカみしばいワークショップ[3]」は、デジタルカメラを使ってちょっと変わった紙芝居をつくります。「CAMPくうそう・しょくぶつ・図鑑ワークショップ[4]」は、こどもたちが空想しながらアイデアを広げていくワークショップです。それから「CAMPかぞくのひづけワークショップ[5]」。これはその日撮った写真で1冊の家族の本をつくるワークショップです。

CAMPのワークショップは、すべて5つのコンセプトに基づいて構成されています。「かんがえる・つくる・つながる・はっぴょうする・ふりかえる[6]」です。これらのコンセプトがワークショップの流れの中でなるべく有機的につながるように考えて開発しています。そしてそれらの中心にあるのは「楽しい！」ということ。そこに参加している全員が楽しい時間を過ごせることを何よりも大切にしています。

広く普及すること

わたしたちは多くのこどもたちにワークショップを体験してもらいたいと考

*2 **CAMPクリケットワークショップ**

小さなコンピューター「クリケット」と、約300種類の素材を使って動くおもちゃをつくるワークショップ。紙や布、マカロニやたわしといった身のまわりのさまざまな素材と、プログラミングによって自在に動くクリケットとを組み合わせながら、こどもたちは自由な発想を形にしていく。（巻頭カラー参照）

*3 **CAMPデジカみしばいワークショップ**

デジタルカメラで紙芝居をつくるワークショップ。4コマからなるストーリーのつくり方は、2つのチームが交替で1コマずつ考えていく連歌形式。それぞれの発想の違いを楽しんだり驚いたりしながら、みんなで作品をつくりあげる。

えているのですが、回を重ねるごとに気がついたことがあります。大川センターで開催しているだけでは地域的にも限られてしまい、そうそう回数もたくさんこなせないのです。そこで約2年前から、どのようにしたらこのワークショップをもっとたくさんのこどもたちに体験してもらえるだろうか、と考え始めました。そして、ワークショップをパッケージ化して、全国のミュージアムや学校に提供しようと考えたのです。最初はモノ…たとえばクリケットのようなモノを貸し出して、開催してもらおうと何度か試してみました。しかし、モノを貸し出すだけではわたしたちが思うような伝え方ができないことがわかりました。そこで、考え直した結果、いまの方法の「あちこちＣＡＭＰ」という普及のスタイルがつくられたわけです。

広く普及するために一番初めに行ったのは、[*7]ＣＡＭＰのワークショップのコンセプトの明確化と共有化です。考え方をコンセプトブックとしてまとめました。その次に、普及のスタイルを検討していきました。

わたしたちの中で考えたのが、まずＣＡＭＰのワークショップの品質・こだわりをしっかりと伝えていきたいということです。ＣＡＭＰが考えるワークショップをよく理解したうえで開催していただけるように、丁寧に広めていきたい。つまり、量よりは質を重視していきたいと考えました。次に、継続性です。1回開催するだけでなく、継続的にワークショップを開催してもらえるような仕組みを生み出したい。そのために、「場所」にワークショップを残すのではなく、「人」にワークショップを伝えていく方法をとっていくことにしました。

*4 **CAMPくうそう・しょくぶつ・図鑑ワークショップ**

見たこともないおかしな種を植木鉢に植えて、たっぷりアイデアを注ぐと、どんな芽が出る？　どんな花が咲く？　空想の世界からアイデアを広げていく楽しさを体験するワークショップ。

*5 **CAMPかぞくのひづけワークショップ**

家族向けワークショップ。その日の家族の姿をお互いが撮影し合い、撮った写真を素材にして、世界でたった1冊しかない家族の本をつくりあげる。写真家の広川泰士氏、造本作家の駒形克己氏とＣＡＭＰが共同で開発したワークショップ。（巻頭カラー参照）

ワークショップのコンセプトを伝えて実践してもらう人、それをファシリテーター[*8]といっていますが、その方々にDNAを残すような形で普及していくのが継続の要であり、品質を保てる仕組みではないかと考えたのです。そのために普及コンテンツやその周辺の手続きを整理していこう、というように進めてきました。

まず何を整備したかといいますと、ワークショップのプログラムそのものです。いつも大川センターでやっていましたので、かなり大川センター仕様になっているものもありました。ですから、それらから余分なものを削ぎ落とし、ほかのどのような場所でもできるようなプログラムにアレンジしました。また、初めての方でも効率よく開催できるように、ワークショップ運営に関するノウハウを細かいことまでできるだけ文章化しました。さらに、ガイドラインや契約書、スタッフの反省会用シートやレポートフォーマットといった各種書類を整備し、それらを通してワークショップを開催してくださる方ご自身が、品質に気くばりをしていただけるようにしていきました。

人に伝えていくこと

一方で、ファシリテーターの育成についてもじっくり考えました。人にCAMPのDNAを残していこうと決めたのですから、ファシリテーターの育成は最重要課題です。CAMPのファシリテーションについて、その手法はどんな

＊6 **ふりかえり**

体験したことや感じたことを再構成し改めて心に刻み込む時間をもつことは、次へのきっかけと成長につながる。CAMPではワークショップの最後に、写真やビデオを見ながらその日をふりかえる時間を設けている。

＊7 **コンセプトブック**

CAMPのアイデンティティともいえる3つのコンセプトを1冊にまとめたもの。CAMPワークショップコンセプト、CAMPファシリテーターコンセプト、CAMPビジュアルコンセプトの3章から構成される。CAMPワークショップを開催する場合は、これらのコンセプトの理解と尊重をお願いしている。

ものなのかということについても、できる限り文書化をしてみんなで共有化できるようにしました。それらの成果は、各ワークショップのマニュアルとして冊子にまとめたり、ファシリテーターの研修というプログラムとしてまとめたりしていきました。

「ファシリテーター研修」は、初めてCAMPワークショップにスタッフとして参加していただく方に、必須で受講していただいています。4時間の研修の中で、CAMPやワークショップやファシリテーターに関することについて理解をしていただき、さらにワークショップを実際に体験してもらっています。そのために「CAMPあだなふだワークショップ」[9]という研修用のオリジナルワークショップを開発しました。短い時間でワークショップの流れや雰囲気や楽しさを実感できるような内容で、かならず作品をつくってもらうようにしています。そのようなワークショップを研修の途中に入れることで、ファシリテーター自らにワークショップの魅力を感じてもらいたいと思っています。

その後にファシリテーションのポイントを説明して、最後にロールプレイング[10]として、ワークショップ中こんなことがあったらどうする？ ということを、受講者に考えてもらい実際に動いてみます。構成としては講義半分、実際に体を動かして考えてもらうこと半分、というような4時間の研修スタイルになっています。頭だけで理解するのではなくて、CAMPの雰囲気ですとか伝えたいことをよりリアルに感じてもらえればと思っています。じつはこの研修会も何度も練り直して今のような構成になりました。

＊8 **CAMPのファシリテーター**

ワークショップの時間をこどもたちと一緒に過ごす運営スタッフをファシリテーターという。CAMPでは指導する立場ではなく、こどもたちが楽しくクリエイティブで充実した時間を過ごせるようにサポートする役割を担う。

＊9 **CAMPあだなふだワークショップ**

ファシリテーター研修用に開発された、大人向けワークショップ。参加者は「あだな」の「なふだ」を制作しながら、短い時間の中でCAMPのワークショップの要素をすべて経験できる構成となっている。こどもの立場となってワークショップを体感してもらうとともに、ファシリテーターの実際の動きを観察してもらうためのもの。

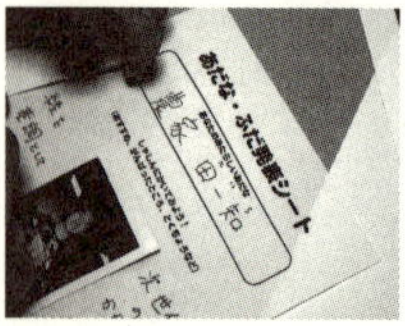

ワークショップパッケージ「CAMPACO」完成

さてここまできて、やっとCAMPワークショップパッケージ[*11]（CAMPACO：キャンパコ）ができあがりました。第一弾はクリケットワークショップ。わたしたちはこのCAMPACOを使って全国各地でワークショップを伝え始めたのです。これがCAMPの普及活動「あちこちCAMP」です。

CAMPACOは大きく分けて2つからなるワークショップパッケージです。一つは、いわゆる「モノ」です。「CAMPACOキット」として、無償で貸し出しをしています。コンセプトブックからその他ワークショップのためのマニュアル、ビデオ、ワークショップで使う書類や道具、などが入っています。もう一つは「人」の部分です。モノの貸し出しとともに必ずCAMPのスタッフが現地に出かけていって、ファシリテーターを育成するという研修プログラムです。マニュアルだけでは伝えることができない、さまざまな細かいノウハウをCAMPスタッフが口述で伝えていく仕組みです。できるだけ形に落とせるものは落として、そしてそれだけでは伝えられないものを人が伝えていくというスタイルがCAMPワークショップパッケージのCAMPACOです。

このようにワークショップをパッケージ化するということを、「一つの型にはめる」というイメージで捉えられて、疑問を感じる方もいらっしゃるかもしれません。たしかにワークショップは環境や参加者によって大きく変化します

＊10 ロールプレイング

受講者がそれまでの講義の内容とワークショップ参加経験をもとに、擬似ワークショップの中のファシリテーター役となり、動きやこどもたちへの声がけを練習する。実際のワークショップで落ち着いて行動できるようにトラブルシューティングなども念入りに行う。

＊11 CAMPワークショップパッケージ（キャンパコ）

CAMPのワークショップを全国で開催できるように開発されたワークショップのパッケージ。開催を希望する各種団体に無償で貸し出しを行っている。いかなる場所においても高品質のワークショップが再現できることを目指して製作された。必要な機材やマニュアルだけでなく、CAMPスタッフが開催地で実施する研修プログラムまでが1つのセットとしてパッケージ化されているところが特徴。
（巻頭カラー参照）

ので、つねに自由なものであってほしいとわたしも思います。そのためにはマニュアルは不必要ではないか、と。しかし、多くの人たちにあるレベルの品質をもってワークショップを伝えていきたいと考えていく場合、合理的に考えてマニュアルは必要となってきます。これはワークショップのもつジレンマですね。実際、ワークショップの市場が広がりつつある今、整理されたマニュアルを求めている方はとても多くなってきていることも事実です。ただ、だからといって一度つくった型にはまるのではなく、何かできたときにもう一度それを崩す、つくる、崩す、つくる、という作業をしていくことが、少し大変ではありますが、とても大切ではないかと思うのです。

　CAMPACOは今はこのようなスタイルですが、時代や利用してくださる人たちの意向で、どんどんリニューアルしていければいいな、と思います。もちろん、プログラムの種類も増やしていきたいですし、研修のプログラムも増強していきたいと考えています。それが、良質のワークショップを社会に広めていくということの中で、企業が担うことができる大きな役割ではないかと思うのです。

ワークショップ実施までの流れ

　まず、CAMPのワークショップを開催したいという方には、[*12]CAMPワークショップガイドラインを読み趣旨を理解していただいたうえで、承諾書をも

＊12 CAMPワークショップガイドライン

CAMPからのメッセージと最低限守ってほしいことを明記。ワークショップ開催にあたっては記載内容の理解と、書面による承諾書の提出が前提となっている。

らっています。その後正式な契約書[13]を結んで開催の決定をします。それからCAMPのスタッフと主催者の方がいろいろ打合せをして、どのようなプログラムにするか、どのようなレイアウトにするか、どのようなテーマにするか、ということを話し合いながらプログラムを決めていきます。そしてスタッフに研修を受けていただいて、講習と実践をかねながら開催をしてもらうというスタイルをとっています。そのような形で、すでにいろいろな団体にCAMPのワークショップを開催していただいています。

これまでに開催していただいた中からいくつか紹介します。まずは、ミュージアムでの開催です。香川県高松駅前にある参加体験型ミュージアム「e－とぴあ・かがわ」では、まず夏休みのイベントとしてクリケットワークショップを開催し、その後定期講座の中で毎月開催されるようになりました。提出いただくレポートからは、毎回工夫を凝らしたワークショップの楽しい様子が伝わってきます。

次に学校です。関東学園大学ではコンピテンシー教育プログラム[14]という学生の社会への対応力を高めるプログラムの中で、クリケットワークショップを取り入れています。大学側としては学生のコアになるコンピテンシーを伸ばしていく、地域への貢献という2つの目的に、このクリケットワークショップが合致するのではないかということで、継続的に開催しています。1年間で3、4回開催していただいたので学生のファシリテーターも育ってきまして、いまではすっかり安心して見ていられるようなスタッフがそろいました。

*13 **契約書**

ワークショッププログラムを知的財産として尊重されるべきと考えるCAMPは、知的財産についての相互理解を深めることを目的として、各々の主催団体と契約書の取り交わしを行っている。

*14 **コンピテンシー教育プログラム**

学生の社会に対応し適応するチカラ、人間力の向上を図るプログラムのこと。文部科学省からも高い評価を得ている関東学園大学独自のもので、新しい大学教育の先駆例として多方面から注目を集めている。具体的に6つのコンピテンシー（表現力・主体性／積極性・リーダーシップ・論理的思考力・職業観／社会への関心・人との交流）を定義している。

＊15 商標

商標とは自分の商品・サービスを他人のものと区別するために使用するマーク（標識）のこと。特許庁へ商標出願し、審査を通れば登録される。登録後は10年間独占的に使用でき更新も可能。侵害者に対しては、行為の差し止めや損害賠償等を請求できる。

次は図書館と地域の大学が連携して開催された例です。茨城県の牛久市立中央図書館で開かれました。当初図書館でワークショップということは思いつかなかったのですが、やってみると意外とよい環境だということがわかって、今後いろいろな形で展開できればと思っています。主催は筑波大学大学院図書館情報メディア研究科です。こちらの先生と学生さんたちが図書館のスタッフと協力して、新しいプログラムにも意欲的にどんどんチャレンジしてくれています。

一般の企業でも実施されています。ダイビル株式会社は、最先端の情報受発信・交流拠点をめざす秋葉原ダイビル内にある「学びと創造の場」で定期的に開催しています。最近では募集人数を大幅に上回る応募状況で、大変人気のイベントとなっているようです。また、わたしたちと同様に社会貢献活動として開催している企業もあります。

また、教育委員会が中心となって開催された例もあります。那覇市教育委員会では、ここ1年間で5、6回開催しました。同市内の小学校に設けられている地域連携室を会場にして、毎回元気なこどもたちが沖縄らしい迫力ある作品をつくっています。

このように、さまざまな団体の方々にＣＡＭＰのワークショップパッケージを利用していただき、できるだけ多くのこどもたちにワークショップを体験してもらえるように、わたしたちの普及活動をこれからも続けていきたいと思っています。

知財の保護に向けての取り組み

●商標登録

ここからは、わたしどもがワークショップを開発し普及していくうえで、知財についてどう意識し、どう対応してきたかということを紹介したいと思います。

まずは商標登録[15]です、CAMPのロゴとCAMP（キャンプ）という呼び方を商標登録しています。分野は、16類と41類、42類で、2002年に登録されました。費用は出願と登録で1分類ごとにかかりますが、3つだとだいたい20数万円らしいです。ただ、手続きに代理人を使うともっとかかると聞いています。個人だと結構な負担ですが、登録は10年間有効ですし、ある日突然CAMPという名前が使えなくなるような事態を避けるという安心感を考えると、それほど高いコストではないのかもしれません。ただ、CAMPは活動全体の名前なので商標登録しましたが、いくら権利保護のためでも、つくったワークショップ全部を商標登録するのは現実的ではないですね。

●使用貸借契約書

次はクリケットという小さなコンピューターを使うワークショップを外部へ普及する際、つまりクリケット自体を貸し出す際に取り交わしている使用貸借契約書です。クリケットは、マサチューセッツ工科大学（MIT）のメディア[16]ラボで開発された、3センチメートル×5・5センチメートルの小さなコンピ

*16 **マサチューセッツ工科大学メディアラボ**

米国ボストンに立地するメディアラボは、1985年ニコラス・ネグロポンテ氏らにより設立。表現・コミュニケーションとデジタル技術を融合したさまざまな研究成果は「おもちゃ箱をひっくりかえしたよう」とも形容される。CSKグループ創業者の故大川功氏がメディアラボ内に“Okawa center for future children”設立のため、約30億円（1998年当時）を寄贈。それを契機にCSKグループとメディアラボは連携を深め、CAMPの活動に対してもメディアラボ教授陣から多くの協力を得ている。

ユーターです。9ボルトの乾電池を内蔵して、モーターや光センサーなどをプログラム制御できます。クリケットワークショップでは、クリケットと身のまわりのいろんな素材を使って、オリジナルの動くおもちゃをつくるのですが、名前のとおり、クリケットがないとできないワークショップです。このクリケットをCSKがメディアラボから使用許諾を受けてワークショップに使っています。メディアラボとCSKは、CSKがメディアラボのスポンサーという関係になっていて、その研究成果は基本的にスポンサーは利用できるという仕組みになっています。ただし使うにあたってはライセンスアグリーメント、いわゆる使用許諾契約を交わしています。

日本国内でCSKがワークショップの普及先と交わすクリケット本体の使用*17貸借契約書では、*18知財権はMITが保持していることを明記したうえで、それを利用するにあたっての条件と注意事項を貸し出し先の方に了解いただく内容となっています。このようにクリケットワークショップ開催の場合には、ワークショップの必須の構成要素であるクリケット本体がCAMPからの貸し出し以外では相当に入手しづらいこともあり、かなり面倒くさい使用貸借契約を結ぶことにもみなさんのご理解をいただいています。

ただ、ワークショップのアイデアや内容、すなわちワークショップ本来の知財にあたる部分については、貸借契約の締結とセットにしてCAMPの知財であることを尊重してくださいとお願いしているのが現状です。ですから、なんとかワークショップの知財について明確に定義したい、そしてお互いの知財を

＊17 使用貸借契約書

クリケット本体を貸し出すにあたって普及先と取り交わす契約書。何をいくつ、どれだけの期間貸借するかという基本的な項目と、クリケット本体にまつわる知財権、およびクリケットを使って生じる可能性のある知財の権利の扱いについて定めている。

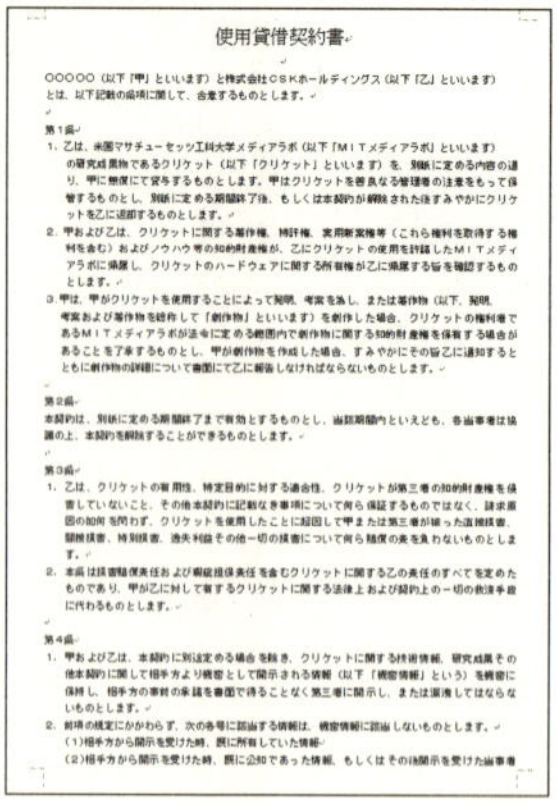

使用貸借契約書

○○○○○（以下「甲」といいます）と株式会社ＣＳＫホールディングス（以下「乙」といいます）とは、以下記載の条項に関して、合意するものとします。

第１条

1、乙は、米国マサチューセッツ工科大学メディアラボ（以下「ＭＩＴメディアラボ」といいます）の研究成果物であるクリケット（以下「クリケット」といいます）を、別紙に定める内容の通り、甲に無償にて貸与するものとします。甲はクリケットを善良なる管理者の注意をもって保管するものとし、別紙に定める期間終了後、もしくは本契約が解除された後すみやかにクリケットを乙に返却するものとします。

2、甲および乙は、クリケットに関する著作権、特許権、実用新案権等（これら権利を取得する権利を含む）およびノウハウ等の知的財産権が、乙にクリケットの使用を許諾したＭＩＴメディアラボに帰属し、クリケットのハードウェアに関する所有権が乙に帰属する旨を確認するものとします。

3、甲は、甲がクリケットを使用することによって発明、考案を為し、または著作物（以下、発明、考案および著作物を総称して「創作物」といいます）を創作した場合、クリケットの権利者であるＭＩＴメディアラボが法令に定める範囲内で創作物に関する知的財産権を保有する場合があることを了承するものとし、甲が創作物を作成した場合、すみやかにその旨乙に通知するとともに創作物の詳細について書面にて乙に報告しなければならないものとします。

第２条

本契約は、別紙に定める期間終了まで有効とするものとし、当該期間内といえども、各当事者は協議の上、本契約を解除することができるものとします。

第３条

1、乙は、クリケットの有用性、特定目的に対する適合性、クリケットが第三者の知的財産権を侵害していないこと、その他本契約に記載なき事項について何ら保証するものではなく、請求原因の如何を問わず、クリケットを使用したことに起因して甲または第三者が被った直接損害、間接損害、特別損害、逸失利益その他一切の損害について何ら賠償の責を負わないものとします。

2、本条は損害賠償責任および瑕疵担保責任を含むクリケットに関する乙の責任のすべてを定めたものであり、甲が乙に対して有するクリケットに関する法律上および契約上の一切の救済手段に代わるものとします。

第４条

1、甲および乙は、本契約に別途定める場合を除き、クリケットに関する技術情報、研究成果その他本契約に関して相手方より機密として開示される情報（以下「機密情報」という）を機密に保持し、相手方の事前の承諾を書面で得ることなく第三者に開示し、または漏洩してはならないものとします。

2、前項の規定にかかわらず、次の各号に該当する情報は、機密情報に該当しないものとします。

（1）相手方から開示を受けた時、既に所有していた情報

（2）相手方から開示を受けた時、既に公知であった情報、もしくはその後開示を受けた当事者

＊18 ＭＩＴの知財権

クリケットに関する著作権、特許権、実用新案権等およびノウハウ等の知的財産権がＭＩＴメディアラボに帰属することが明記されている。

尊重しあったうえで、いいワークショップがどんどん流通していくような仕組みがほしいと常日ごろから考えていました。そのようなことでワークショップ知財研究会にかかわったわけです。じつは、間もなく商品版のクリケットが発売されることになっていまして、そのうちクリケットをだれでも入手できるようになります。それはそれで、よりたくさんのこどもたちがクリケットワークショップを体験できるようになるのでとてもよいことではあるのですが、そのときまでには、クリケットワークショップの、自分たちのワークショップの知財を明確にしたいと思っています。

●覚書

もう一つ、これも契約書の一種ですが、覚書[19]という呼び方でワークショップの共同開発[20]についてのフォーマットを運用しています。共同開発というのはCAMPと第三者、アーティストであったり大学の先生であったり、また民間企業の方であったり、そういう方々とワークショップを一緒につくらせていただくのですが、その成果について、基本的にはフィフティー・フィフティー、もしくは100パーセント・100パーセントお互いの権利[21]ですと、またどこかで片方がワークショップをするときはもう片方の貢献があったことを明示しましょうということをうたっています。

そのためCAMPでは実際にワークショップをやるとき以外にも、パンフレットやウェブなどできちんと自分たちのワークショップの内容を伝え、共同開発の場合はパートナーのことも明示するようにしています。今のところは、よ

＊19 **覚書**

契約書より呼び方が優しい印象があるが、法務上は覚書も契約書と同じ。

＊20 **ワークショップの共同開発**

CAMPでは1回目は基本的に共同で開催。開発したワークショップを何回も実施し改良するので、2回目以降を想定した知財権の取り扱いを覚書で交わしている。

＊21 **ワークショップを取り巻く権利**

ワークショップは法的には著作物として扱われないが、この覚書には著作権の考え方も取り入れられている。ワークショップの再実施＝複製・上演権、アレンジ＝翻案権、普及＝貸与権、貢献の明記＝氏名表示権などについての取り扱いが示されている。

いワークショップをつくりたいという仲間意識でやっていますが、ここにもし営利的な要素が加わってくると、できあがったワークショップに対するお互いの貢献度[22]が何対何であるとか、部分的にそれはどちらのアイデアであったのかとかを整理しないといけなくなると思います。それもすべて契約書に盛り込んでしまえば法務的には解決しますが、実際にやるとなると非常に困難な仕事になると思います。

CAMPは企業の社会貢献活動として無償でワークショップ活動を行っていますが、世の中のいろんなワークショップがよりよい形に発展し、持続性をもって普及していくためには、ワークショップが、そこにかかわる人たちの生業として成り立つような環境が必須だろうという思いもあります。いずれは営利的な視点からもワークショップの知財権を考える必要が出てくると考えています。

今後の課題

以上、ご紹介しましたように、これまではワークショップを普及していくうえでの知財保護について、一企業なりに今の法制度や契約行為で可能な範囲での対策をとってきました。ただし、今はまだほぼ一対一の関係の中でCAMPワークショップを開催してくださる方や、共同開発のパートナーにも知財についての理解を得ながら進めているからこそ可能な手段だと思います。

いずれもっと広く、見知らぬ第三者でも既存のワークショップを簡単に参照

*22 **貢献度**
ワークショップの場合は、成果物の定義や範囲が明確でないため、できあがったものに対する貢献度が明確にしづらいのがネックとなっている。

できて、そのコピーやアレンジができるようになっていくと思います。そのようなときに、ワークショップの知財について、各人がどうそれを尊重し活用していくのか。ワークショップにかかわる人たちみんなが共有できるようなルールづくりと、ワークショップの知財の定義といったようなものが必要になると考えています。

6

第六章

児童館へのプログラム普及と知財

下村　一

こどもの城とワークショップ

こどもの城[1]は、約20年前の1985年に、開館記念事業の一つとして「ブルーノ・ムナーリ展[2]」を開催し、併せてムナーリ氏本人によるワークショップの公開指導を行ったほど、ワークショップとはなじみのある施設です。館内のプログラムを見まわすと、造形的なプログラム以外にも、「アニメ・ワークショップ」「パソコン遊びのワークショップ」「絵本のワークショップ」「手作り楽器のワークショップ」と、本当にさまざまなワークショップを行っています。こどもの城は、施設の種類としては児童福祉法に定められた児童館です。基本的には「遊び」のプログラムを提供する施設ですが、じつは「遊び」と「ワークショップ」の間には、「こどもたちが主体となって活動する」など共通することが多いのです。だから、この施設でも、おのずとワークショップが盛んなのだと思っています。

今回の研究会では、ワークショップの知財権に焦点をあてるということで、こどもの城で行ってきたワークショップを全国の児童館などに普及していくときに考えさせられた問題点と、比較的、知財ということを意識せざるを得なかった、アーティストと一緒に行ったワークショップについてお話ししたいと思います。

こどもの城は、全国に約4700館ある児童館・児童センターの中で、唯一、

＊1 こどもの城

1979年の国際児童年を記念して、当時の厚生省（現：厚生労働省）が構想、1985年11月にオープンした総合児童センター。国からの委託を受けて財団法人児童育成協会が管理・運営している。こども活動エリアと呼ばれる「体育」「造形」「プレイ」「音楽」「オーディオ&ビジュアル」の部門と、「保育研究開発」「小児保健」などの関連部門で、こどもの心身の健全育成を目的とした事業を実施している。また、「青山劇場」「青山円形劇場」という2つの劇場、ホテルや研修室などももつ複合施設。

国が建てた児童センターです。地域にある児童館は、スタッフが2～3人というところが多いですから、日々のこどもたちへの対応の中で、新たなプログラムをつくり上げていくということは、実際問題としてかなり困難です。そこで、こどもの城では、開館当初からナショナルセンターとして、来館者に対して実際にプログラムを行い、その成果をまとめて、地域の児童館に普及していくという役割を果たしてきました。開館から10年が経過した1994年からは「動[*3]くこどもの城（キャラバン隊派遣事業）」として全国版の移動児童館のような事業を行っています。

だれでもできるワークショップの普及

こどもの城の活動は、プレイ・造形・音楽・体育・オーディオ&ビジュアルという5つのセクションを中心に展開しています。それぞれ「こども活動エリア」という遊び場の中に占有スペースをもち、もちろん限度はありますが、基本的には独自に事業計画を立てて、活動を行っています。それぞれの専門的な領域と遊びとの接点を探り、開発～実践～再検討を繰り返しながら、豊かな遊びのプログラム開発をめざしています。プログラムの中には、専門領域を生かした個人の特殊な技能があってこそできるものもありますが、ナショナルセンターとしては、プログラムを開発・普及していくことこそが事業の大きな柱となっていますので、多くのプログラムは、地域の児童館でだれでも実施できる

＊2 ブルーノ・ムナーリ展

世界的に活躍していたデザイナー・造形アーティストであり、幼児期から専門家までの創造性教育に取り組んでいたブルーノ・ムナーリ氏の作品展。こどもの城の開館記念事業の一つとして1985年11月22日～12月15日に実施した。展覧会と併せて「子どもたちの創造性をいかに愛情をもって引き出し、育てるか」をテーマとしたシンポジウム、「ムナーリの『アートとあそぼう』」という公開指導参観を実施した。ワークショップは以下のような趣旨で行われた。

「ブルーノ・ムナーリは、これまで数々のこどものためのワークショップを実践してきました。ミラノのブレラ美術館でのグラフィックアートのワークショップ、ファエンツァの国際陶器美術館での陶器のワークショップの他、触覚のワークショップ、野外遊びのワークショップ、音のワークショップなど、幅広い分野にわたります。それらの活動のなかでムナーリは一貫して、こどもたちの視点にたち"アート"と"あそび"を結びつけながら、新鮮なイメージの発見のきっかけをこどもたちに与え続けてきました。

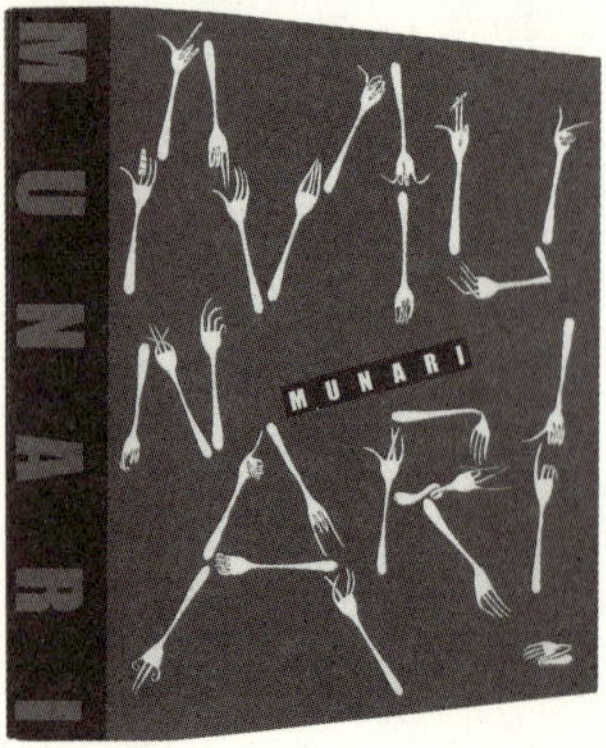

今回は、これらのワークショップのプログラムの中から8つのテーマを選び、ムナーリ自身による公開指導が行われます。」
（『ブルーノ・ムナーリ展　シンポジウムと公開指導参観』パンフレットより引用）

ように心がけています。ある意味、個人の能力に帰属する部分、たとえば音楽のプログラムの場合はある程度スキルが必要ですが、音楽を専門的に学んでいない児童館スタッフでも、十分にこどもたちと楽しめるよう、個人のスキルに帰属する部分を意図的に削っていくという作業も行っています。もちろん、すべて削ってしまうと「音楽遊び」ではなくただの「遊び」になってしまいますから、無理のない範囲でですが…。

ノウハウの提供

これらのワークショップの知的財産という点に少し触れてみたいと思います。こどもの城では、開館以来、映像を見たり、実際につくってみたりという活動をしているセクションがあります。ここでは、活動の一つとして、アニメ・ワークショップを行っています。映画が発明されるよりも前、今から１００年以上前に、ヨーロッパで玩具として売り出された絵が動いて見える仕かけ「視覚玩具」といわれるものを素材に、さまざまなワークショップを行っています。

視覚玩具の中には、一般的にもよく知られている「マジックロール」という2コマのアニメーションを表現できる仕かけがあります。これは、重なりあった2枚の紙に、一部だけが異なる絵を描き、上の紙をペンなどで巻き上げてから、紙を擦るようにペンを動かすと2つの絵が交互に見え、動いて見えるというものです。

こどもの城では、この「マジックロール」を題材に、「くるくるアニメ」という名前をつけてワークショップを行っています。この仕かけ自体は、もともと世の中で広く知られているものですから、こどもの城のオリジナルではありません。しかし、こどものためのワークショップとして実施していく中で、さまざまな工夫が必要となります。こうしたノウハウは、一つの知的財産ではないかと考えています。たとえば、マジックロールの場合、効果的に絵が動いて見えるようにするためには、絵を描いても大丈夫な範囲があります。巻き上げた紙が重なってしまう部分などに絵を描いてしまうと、その部分は見えなくなってしまうのです。このことは大人ならばすぐに理解でき、絵を描く範囲を四角で囲っておけば大丈夫ですが、こども相手だとそうはいきません。四角い枠があっても、こどもたちは自由にはみ出して描きます。そこで次の手として、四角のまわりに色をつけたり、あらかじめ絵や模様を描いておいたのです。紙の大きさも大切です。ペンを動かすときに、こどもたちにとっては、下の紙が上の紙よりも大きいほうが手を添えて動かしやすいとか、どのような手順で制作すればいいのか…などなど。また、導入時にこどもたちに見せるサンプルもとても大切です。大人の描いた絵は、こどもから見るときれいに見え、まねをしたがることがありますが、これはサンプルとしては、必ずしも良いことではありません。きれい過ぎるものよりは、一見稚拙に見えても、わかりやすいものが必要です。意外性のあるものも必要ですが、それよりは、こどもたちが発想を広げる手助けになるようなサンプルが必要です。こうしたノウハウが、じ

*3 動くこどもの城(キャラバン隊派遣事業)

こどもの城では開館以来、各部門の専門性を生かし、実践を通じた独自プログラムの開発・研究に力を注いできた。それらをもとに、児童館活動のいっそうの推進を目的として、プログラムの企画立案・実施にいたるまでのノウハウを各地の児童館などに紹介、普及するための事業として1994年から実施している。この事業の特徴は、原則として「子どもや家族を対象としたプログラム」と「児童厚生員などを対象とした実技研修会」とをあわせて実施することで、年間で約35件程度の派遣を実施している。

つはワークショップをするうえでとても大切な要素であり、知的財産とも呼べるものなのではないかと思っています。

また、つねに「展示」「体験」「制作」というコンセプトでワークショップを展開している造形スタジオでは、一定期間でプログラムをリニューアルしています。プログラムで若干対象年齢を変えていますが、小学生以上を対象としたものと、親子向けのものと2種類のプログラムを行っていますから、年間ではかなりのプログラム数が必要になってきます。そこで、造形の場合は年間のテーマを決めてプログラムを考えています。紙や木や竹、金属や布など素材をテーマにしたり、造形に近い領域である「音」や「光」、技法や道具などからアプローチしたりしています。

こうして、さまざまなオリジナルのプログラムを創り出してきていますが、その中には、アーティストの作品から刺激を受けたものもあれば、職人の技法がアイデアのもとになっていたり、伝統的な玩具を参考にしたりということで、ワークショップの知的財産を考えるうえで難しい一面があると感じています。ただし、完全にオリジナルのプログラムもありますし、こどもを対象としたプログラムにアレンジしていったノウハウというものは、こどもの城独自のものだと考えています。

現状で、ワークショップの知的財産を保護するための方策として、現行の法律では、著作物にしていくことが良さそうですが、こどもの城でも、実践してきたプログラムを小冊子や教材などとしてまとめることもしています。ただし

*4 **みる・しる・つくる アニメーション・キット**

こどもの城AV事業部では、こどもたちが「映像」を見たり、つくったりして楽しむプログラムを、開館以来継続的に行っている。そして、こどもの城の開館10周年にあたる1995年に、それらの内容を凝縮した〈映像キット〉を制作した。こどもたちが自らビデオを見たり、工作をしたりすることで、「映像」の不思議に触れ、その仕組みを理解し、よりいっそう「映像」に関心をもってもらえるように内容を精査した。キット全体の構想および制作は、アニメーション作家・山村浩二氏に依頼し、オリジナル・キャラクターの情趣あふれるアニメーションや、こどもたちがつくりやすいように工夫を加えた工作用紙などが完成した。

「みる」キットは、オリジナル・アニメーションと、アニメのつくり方を楽しく紹介するメイキング・ビデオ。「しる」キットは、イラストと制作風景の写真を織り交ぜて、アニメーションができるまでを解説した「ものしり読本」。そして、「つくる」キットは、「マジックロール」「ソーマトロープ」「フェナキスティスコープ」「ゾ

ートロープ」など、簡単な仕かけで絵が動く、昔の視覚玩具の工作型紙で構成されている。

これは、保護という視点よりは、普及という視点が中心になっています。

たとえば、造形の場合は、1年間のプログラムを1冊の冊子にまとめていますし、プログラムのいくつかは、材料とつくり方などを入れて、家でも同じようなプログラムができるようにと販売しているキットもあります。さきほどの「アニメ・ワークショップ」についても、開館10周年の際に、アニメーション作家の山村浩二さんの全面的な協力をいただき、[★4]「みる・しる・つくる　アニメーション・キット」として製品化しています。

こうした冊子をまとめる際には、原則的にプログラム開発、原稿執筆、写真撮影にかかわらず、スタッフの個人名は記載しない無名性をとっています。プログラム開発には、どのスタッフがどの程度かかわったかが明確ではないですし、こどもたちからの影響もおおいにある。基本的にはプログラムを実施したセクション全体で制作したというクレジットにしています。

職務著作と権利の主体

現行の法律では、こどもの城のスタッフが制作してきた著作物は、すべて職務著作にあたると考えられるようですが、こうした意識はスタッフの中にはあまりないように思いますし、組織としても何か規定があるかといえば、まったくないのが現状です。

こうしたプログラムは、「動くこどもの城」という事業を中心に、全国の児童館などに紹介しています。基本的には全国版の移動児童館と考えていただければ結構ですが、特徴としては、イベントだけを派遣して行うのではなく、イベントに併せて、そのプログラムを開発した背景や理念も理解していただき、プログラムが地域に根づいていくように、児童館や地域の関連施設などのスタッフを対象とした研修会を実施しています。プログラムごとに研修会用のテキストもまとめています。

基本的な姿勢としては、こどもの城のプログラムを広く普及させたいと考えていますから、こうした冊子についても、講習会の際に無料で配布しています。テキストによっては、一部コピーをして教材として利用できるようになっているものもあり、厳格には複製の制限はしていません。特定の部分はコピー可ということを記載していないのは、利用者にとってわかりにくいのではとの指摘もありますが、この点については今後整理していきたいと思っています。

ただし、基本的には実際に研修会で直接お話をさせていただいていますから、プログラムを紹介する際には、このプログラムを「種」として、地域の実情に合わせた新たなプログラムをぜひつくってほしいです。もしも新たなプログラムを開発したら、参考のためにぜひ教えてほしいとお願いをしています。

使用する側の受け取り方もまちまちで、テキストなどから一部の内容を転載する場合に連絡をいただくこともあれば、若干手を加えて、独自のプログラムとして発表しているケースもあります。こうしたケースもとくに問題にしていませんが、できればご連絡いただければと思っています。

普及にあたって、ほかに問題となったことは、じつはＣＡＭＰ（第５章参照）への「動くこどもの城」の派遣のケースです。この事業は、基本的には児童館活動の活性化を目的としていますから、派遣先は児童館が中心です。しかし、児童館は自治体によっては設置していないケースもありますので、児童館と同様の機能を果たしている施設などにも、派遣をしています。ＣＡＭＰについては、企業の運営している施設でも、社会貢献を目的に、こどものワークショップを展開しているということで派遣を計画しましたが、こどもの城の内部では、一企業の運営する施設にいかがなものか…という議論になりました。

これはどういうことかと言いますと、こどもの城のノウハウを間接的に企業に提供することになってしまうのでは？という危惧なのです。結果的には、ＣＡＭＰの趣旨などを考慮し派遣することになりましたが、形式的には、地域のＮＰＯ法人と一緒に、実行委員会を立ち上げていただき、そこに派遣する形にしました。

現在では、児童館でも自治体によっては指定管理者制度[*5]を導入し始めています。実際に、県立の児童館の中には、民間企業が参入し、管理・運営をしているところもあります。動くこどもの城の事業では、児童館からの要請があれば、当然派遣をする方向で考えますから、直接的に企業にノウハウを提供するということも現実的に出てきています。この指定管理者制度の難しいのは、３年なり、５年なりで新たに選考が行われ、場合によっては運営団体が変わるという

*5 **指定管理者制度**

地方公共団体やその外郭団体に限定していた公の施設の管理を、株式会社・民間業者・ＮＰＯ法人などの団体にも参入可能にした制度。児童館においても、すでにこの制度を導入したり、導入を検討している地方公共団体も多い。

ことです。ワークショップを一つの知的財産として考える場合、著作物でもある教材なども含め、運営団体が変わったときに、この権利はだれのものなのかということも大きな問題になる可能性があります。運営団体のものなのか、運営を委託している自治体のものなのかという議論も起きてくるのではないかと思います。今後の課題になってくると考えられます。

アーティストとの共同ワークショップにおける知財の扱い

さて、後半は、こどもの城がアーティストなどと一緒にワークショップを行ってきた中で、ワークショップの知的財産について考えさせられた事例について、お話ししたいと思います。こどもの城では、専門的なスタッフがいてオリジナルのプログラム開発をしているのですが、やはりその発想などには限界があります。そこで、アーティストであるとか絵本作家、音楽家、建築家など幅広い専門の方たちと協力してプログラムをすることがあります。とくにわたしの所属する企画研修部は、外部の方たちとの仕事が多い傾向にあります。

２００５年は、イギリスの絵本作家のルーシー・カズンズさんと一緒にワークショップを行いました。出版社が招聘したのですが、日本のこどもたちとも接する機会をつくってあげたいという出版社の配慮もあり、こどもの城でワークショップを行うことになりました。わたしたちにとっては、大変ありがたい話で、本当に感謝しています。

ワークショップは、ルーシーさんが絵を描いている手法をこどもたちが体験し、ルーシーさんとこどもたちとで一緒に作品をつくるという内容でした。彼女の場合は、最初に輪郭を黒の絵の具で描き、それが乾いてから彼女が指定する7色の色で塗っていくという手法で、その色合いと、色が混ざらないようにするのが一つの特徴です。ルーシーさんが輪郭を描いた「メイシーちゃん」にこどもたちが色をつけたり、こどもたちはそれぞれ同じ手法で「メイシーちゃん」の好きな動物を描き、最終的には「メイシーちゃんとメイシーちゃんの好きな動物たち」というテーマの作品をつくりました。

ワークショップの進め方については、事前にEメールを使って何回かやりとりをしました。ベースはルーシーさんの考えに基づいていますが、こどもの城からも手順などについて、いろいろと提案させていただき、一緒につくり上げたという感じです。プログラム自体は、作家がいなくては成り立たないものですから、このプログラムを、こどもの城のプログラムとして実施していきたいとの交渉はとくにしませんでした。できあがった作品の扱いですが、当然ルーシーさんと参加したこどもたちの著作物なのでしょうが、とくに覚書のようなものは取り交わしていませんし、展示をした後は、こどもの城で保管をしています。

同じように2000年1月には、出版社の紹介で、絵本作家のエリック・カールさんと「色であそぼう!紙であそぼう!」というワークショップをする機会に恵まれました。このワークショップについても、カールさんの絵本をつくる手法をこどもたちが追体験するものでした。具体的な進め方については、造形のセクションが中心となって、こどもの城からの提案もしながら、協議をしていきました。

カールさんは、絵本をつくるときは、色の紙をつくることと、その紙を切ってコラージュして絵をつくるという2つの工程で制作しています。そこで、こどもたちにも両方の体験をしてもらうことのできるように、色紙をつくる体験と、コラージュの体験との両方ができるようにプログラムを設定しました。こどもたちが紙を制作して、それを利用してコラージュというのがもっとも自然な流れなのですが、制作した紙を乾かすための時間がないために、コラージュは事前にスタッフが用意した紙を使用するようにしました。カールさんの手法は、薄い紙にアクリル絵の具を自由に塗り、絵の具が乾かないうちに、筆の後ろを使って引っかくとか、点描やスタンピングなどの手法でそれに色を重ねて紙をつくっていきます。こどもたちは最初は恐る恐るという感じでしたが、しだいに精神的に解放されて、のびのびと大胆に紙の制作に取りかかっていました。カールさんのもつ優しい雰囲気もあり、こどもたちにとっても、こどもの城のスタッフにとっても本当に楽しい時間でした。このときは、色の紙をつくる手法をぜひ、こどもの城でもやらせて欲しいとカールさんにお願いしました。

カールさんの場合はアメリカで色の紙をつくる手法の本を出版されていますし、ビデオも出されていますので、ある意味オープンにはなっています。口頭でしたが喜んで了承してくださいました。ただし、「エリック・カールさんの…」と銘打つことは控えています。また、このときのワークショップの記録ビデオについては、後日、簡単な覚書を取り交わしました。編集したビデオをカールさん自身に内容を確認していただき、1年間に3回、指導者研修に限り上映という条件で許可をいただきました。FAXで送っていただいた簡単なものでしたが、契約年数は3年で、以降は、そのつど改めて交渉することになっています。

契約に基づいて行うワークショップ

次の事例は、ワークショップの知的財産について、契約というほどでもないのですが、簡単な取り決めをして行った事例です。2005年の11月から12月にかけて、こどもの城開館20周年記念事業として実施した「ダイアログ[*6]・イン・ザ・ダーク　子どものためのワークショップ」という催しです。「ダイアログ・イン・ザ・ダーク」は、1989年ドイツのアンドレアス・ハイネッケ博士のアイデアで生まれ、その後、ヨーロッパ中心に70都市で開催、すでに100万人が体験しているワークショップ形式のイベントです。1時間経過しても自分の手さえ見えない完全な暗闇の中、視覚障がい者の案内のもと、日常生活のワンシーンを体験するというものです。こどもの城では、こどもたちにこのプログラムをぜひ体験してもらいたいと考え、こどもに特化した内容にアレンジして実施しました。暗闇の中での活動については公開をしていませんので、ここでお話しすることはできませんが、「ダイアログ・イン・ザ・ダーク」のノウハウをもとに、こどもの城が20年の歳月で得てきたノウハウを合わせた形

*6 **ダイアログ・イン・ザ・ダーク**
1989年に、ドイツのアンドレアス・ハイネッケ博士のアイデアで生まれた、日常生活のさまざまな環境を織り込んだ真っ暗な空間を視覚以外の感覚を使って体験するワークショップ形式の展覧会。目の不自由な方に案内（アテンド）をしてもらい、グループで参加する。視覚以外を積極的に使うことによって五感のバランスを取り戻す機会となる。また、暗闇では健常者と障がい者の「サポートする／される」という関係が、一瞬にして逆転し、健常者は視覚障がい者のもつ文化の一端に触れることができる。また、複数の人で体験することで、ふだんの視覚を使った生活では気づきにくい新しい関係が生まれるきっかけともなる。このような点からみて、「ダイアログ・イン・ザ・ダーク」は立場の違い、障がいのあるなしを越えていまの状況を受け入れていくプロセスを共有体験する中で異文化が交わることのできる新しいプラットフォームであり、心のバリアフリーに気がつく社会的なプロジェクトともいえる。

で実施しました。

日本での実施については、特定非営利活動法人ダイアログ・イン・ザ・ダーク・ジャパンが監修しています。こどもの城での実施の際には、こちらの団体に監修費をお支払いしましたが、その中には、著作権料という項目がありました。暗闇の設定、活動やアテンドのノウハウ、安全管理のノウハウなどを含んでいるものですから、こどもの城としてもある程度当然のこととして受け入れました。後日、この研究会のことがあったので、ドイツでのワークショップの知財権についてお聞きしたところ、著作権法として認められているのではなく、「ダイアログ・イン・ザ・ダーク」という名称を商標登録してあり、同様の活動をこの名称で行うことができないように保護しているとのことでした。これについても自分の権利を主張するという側面よりも、ワークショップの質的な維持に対して必要を感じているということでした。真っ暗闇での活動ですから、当然のようにリスクもあります。万全の体制で安全管理をするのですが、もしも質の維持がされないまま、同様のワークショップで事故などが起きた場合、本来のワークショップ自体が行えなくなる危険性も含んでいるための措置ということでした。

蛇足ですが、ヨーロッパには、このワークショップをきっかけとして、「暗闇レストラン」なるものができ、とても繁盛しているそうです。暗闇に入るときには、光るものをはずしたり、視覚障がいの方たちが案内するのも同じで、障がい者の雇用につながっているという点では評価しているとのことでした。

また、こどもの城でも、監修をお願いした特定非営利活動法人ダイアログ・イン・ザ・ダーク・ジャパンと共催して、２００6年5月に暗闇の中で音楽を聴いたり、一緒に演奏したりする「くらやみコンサート」というイベントを実施しました。ダイアログ・イン・ザ・ダークから派生したプログラムですが、新たなプログラムとしての可能性が生まれたと思っています。

わたし個人としては、こどもの城での仕事を通じて、ワークショップの知的財産について考える、さまざまな機会に出合ってきました。知的財産というと、保護することを考えがちですが、わたし自身としては、こどもの城で働いていることもあり、多くのこどもたちに良質なプログラムを提供していかなくてはならないと考えており、一部については保護することも認めたうえで、全体としては、より多くのこどもたちに体験してもらうことができるようなシステムがあればいいと思っています。そのためには、ワークショップの質的な維持を図るための工夫も必要でしょうし、できれば、多くの人がかかわることで、逆に質的向上を図りながら、その結果をフィードバックしていく、コンピュータのOS「リナックス」のようなシステムを構築できないだろうかと、漠然と思っています。

そのためには、最初にワークショップの知財権を整理して、必要なものに対しては、保護もできるように社会全体で認めることが第一歩だと思います。そのうえで、ワークショップの開発に携わった人たちが、それぞれの立場で、それを保護する権利を行使するのか、しないのかを判断できればと考えています。

7

第七章

ツールとしての権利と契約

福井健策

何のために権利を考えるのか

法律というのはある意味ツールです。ただし自分に都合よく使ってそれで結果が良ければいいというだけではなく、ある種の公益的な目的をもったツールです。その使い方は、社会全体にとってまずまず良いものでなければならないという要請を受けています。しかし、あくまでツールですから、どういう目的を達成したいかによって法律の語り方や使い方が変わってきて当たり前です。たとえば、自分の作品があります。小説かもしれないし、描いた絵かもしれないが、それをまったく独占したいとは思わない。公開したらだれがどう使おうと、どう書き直そうと、それで商売しようがかまわないという人にとって、その作品が著作物かどうかはあまり大事な問いかけではありません。なぜならその人は自分の作品に対して権利を主張したいと思っていないからです。著作権[*1]を主張したくないのであれば、著作物[*2]かどうかという深遠な議論に立ち入る必要はないのです。

　しかし、どう使ってくれてもかまわないという人はあまりいません。普通は何らかの目的、要望があって、そのためにどのようにすればいいかという話になります。まずはその点から考えてみたいと思います。

*1 著作権

著作権は、著作者の人格的利益を保護するための「著作者人格権」と、財産的利益を保護するための「著作権」の2つを含む（著作権法第17条第1項）。また、著作権の取得のためには、登録などなんらの方式も必要としない（無方式主義）。なお、著作権に含まれる権利としては、左のようなものがある。

・複製権　印刷、コピー、写真撮影、録音、録画などの方法によって著作物を再製する権利。

・上演権・演奏権　著作物を公に上映したり、演奏する権利。

・上映権　著作物を公に上映する権利。
・公衆送信権　著作物を放送・有線方法したり、インターネットにアップロード（送信可能化）したりして、公に伝達する権利。
・口述権　著作物を朗読などの方法で口頭で公に伝える権利。
・展示権　美術の著作物と未発行の写真著作物の、原作品を公に展示する権利。
・頒布権　映画の著作物の複製物を公衆に譲渡・貸与する権利。
・譲渡権　映画以外の著作物の原作品や複製物を譲渡によって公衆に提供する権利。
・貸与権　映画以外の著作物の複製物を貸与によって公衆に提供する権利。
・翻訳権・翻案権等　著作物を翻訳、編曲、変形、翻案する権利。
・二次的著作物の利用権　二次的著作物については、二次的著作物の著作権者だけでなく、原著作者も上記の各権利をもつ。

＊2 著作物

著作権法によって保護の対象となるのは、「著作物」である。著作物については、著作権法第2条第1項第1号に定められている。

ワークショップの考案者のスタンス

自分の考案したワークショップについて、他人にどのように扱って欲しいかについては、さまざまな考え方やスタンスがあり得ます。たとえば次のような考え方があるでしょう。

1つめは、とにかく自由に利用してほしいという考え方です。ワークショップを世の中に広めることが目的であり、普及が素早く進むためなら権利を主張しないということです。むしろどんどん手直ししてほしい。なぜなら、手直しをすることでより良い作品を生み出してほしいから。積極的に参加して作品を良くする手助けをしてくれる人にはどんどん使ってもらいたい、という考え方です。これには、プログラムの開発などにおけるオープンソース的な考え方が根底にあると思います。このような動機は、共同作業や一歩一歩前進して改良していくような作業になじむ作品によく出てきます。「機能的著作物」などという言い方をしますが、絵画などにはあまり当てはまらないかもしれません。そのかわり改善したら、それを世の中に公開してください、勝手に囲い込むのはやめてください、という要請がセットでついていることもあります。

2つめは、きちんと権利を主張したいという場合です。自分が創作したものを他人が断りもなく使っているのは許せない。使用に際しては許諾をとってほしい。さらにはそこから、正当な対価、いくばくかの利益を得たい、というこ

*3 **氏名表示権**

著作者人格権のひとつ（著作権法第19条）。自己の著作物に対して、著作者名を表示するか否か、表示するとすれば実名か変名かなどを選択する権利である。

とにつながっていく場合もあります。

3つめは、人が自由に使うのはかまわない、ただ自分で考案したようなふりをして使う人がいるがそれだけは許せない、という考え方です。実際著作権絡みの問題の半分は、ちゃんと名前（出典）を出していればここまでもめなかっただろうということが多い。この解決策は、クレジットをきちんとしてくださいという要望になって表れます。著作者に認められる、氏名表示権[*3]という権利にかかわります。

4つめは、1と逆パターンで、自分が作ったワークショップに勝手に手を加えてレベルの低いいいかげんなものとして行われるのは絶対我慢できないという場合です。そのようにならないためには、無断改変を防止する必要があります。最初からまったく違う別なものをつくるのは勝手ですが、作品のまねをした以上は、中途半端な改変はしないでくださいというわけです。

5つめは、とくに権利主張はしたくないが、人からとやかく言われたくない。別に独占したいとは思っていないが、後発の人が何か権利を獲得してしまって、自分が使えなくなることだけは防ぎたいというものです。たとえば、あるワークショップのやり方を考案し、すごく印象的な名前をつけた。そして今後もその名前を使っていきたいと思っている。独占するつもりはないが、もし人が勝手にその名前を商標登録[*4]してしまったら困るので、念のため自分で商標登録をしておくというのがこの考え方です。このように防衛的、自衛的な知的財産権の使い方もあり得ます。

*4 商標登録

商標とは、「文字、図形、記号若しくは立体的形状若しくはこれらの結合又はこれらと色彩の結合であって、①業として「商品」を生産し、証明し、又は譲渡するものがその商品について使用するもの、②業として「役務」を提供し、又は証明する者がその役務において使用するもの」とされている（商標法第2条第1項）。①は、いわゆる商品商標で、②は放送や金融、外食産業などの「役務」の識別標識として使用する商標、いわゆるサービスマークである。商標の機能には、「出所表示機能」、「品質保証機能」、「広告機能」がある。

以上が代表的と思えるワークショップ考案者のスタンスです。そのどれを重視するかによって、権利をどう捉え、どこを強調するかが変わってきます。

ルールとその実効性の確保

ワークショップを考案した方が、「わたしの作品はみなさんで無条件に使ってください。自分を防衛したいとも思わない」というのであれば権利の話はそれで終わりです。

しかし、ほとんどの方がそれ以外のケースにあてはまるだろうと思います。それ以外のすべてのケースの場合、他者が利用するうえで、あるいは他者がこの作品について何かの主張をするうえで守ってもらいたい「ルール」があるということです。たとえば名前を出してくださいとか、無断改変はやめてくださいとか、改変してもいいがちゃんと公開してくださいとか、守ってもらいたいルールがそこにはあるはずです。

しかしこのルールは、こちらがただ言っているだけでは世の人は守らないかもしれない。守ろうとしない人にいざとなれば強制してでも守らせることができる、これが法的な権利というものです。もちろん実際には、それを法的に強制するなどという辛い場面には出合いたくないわけですが、そういう権利の裏づけがあって自分で整理ができていれば、強権発動する場面はおのずと減ってくるものです。

では、他者にルールを守ってもらうための実効性をどう確保していくかというと、大きく3つの可能性に分けられます。

一つは著作権です。著作権がはたらく作品（著作物）ならば、ルールを守れない人には原則として使用を禁止することができるわけですから、使いたい場合はルールを守ってくださいといえる。いくつもある知的財産権の中でなぜ著作権だけを独立であげるかというと、著作権は一番身近であり、なおかつ（わたしの意見では）一番強い権利だからです。

もう一つは著作権以外の知的財産権です。さきほどあげた商標権もそうですが、その他特許権*5、実用新案権、意匠権などがあり、まれにワークショップに関係することもあるでしょう。著作権も含めこれらの知的財産権は法律上の権利です。ですから権利として一定の条件を満たせば、世の中のだれに対しても主張することができます。

3つめはそれらとは少し違うツールとして、契約があります。これは当事者間の約束ですから、世の中のだれに対しても主張できるというものではありません。そのかわり、各々の状況に応じて内容を決めていくことができるため、非常に汎用性が高いものです。

著作権

●著作物とは

*5 **特許権、実用新案権、意匠権**

知的財産権は、創作者の名誉と創作活動とを支える経済的な基盤を保障し、さらに創作活動へのインセンティブを付与する。特許法の保護対象は、「発明」であり、「発明」とは、「自然法則を利用した技術的思想の創作のうち高度のもの」と定義されている（特許法第2条第1項）。「産業上の利用可能性」があり、「新規性」及び「進歩性」がなければならない（特許法第29条）。特許庁に申請し、特許庁の審査官による審査を受けた後、登録を受けて特許権を取得する。実用新案法の保護対象は、「物品の形状、構造又は組合せに係る考案」である。「考案」とは技術的思想の創作であり（実用新案法第2条第1項）、特許法の保護対象である発明と本質的には同じであるが、高度性が要求されない。意匠とは、「物品（物品の部分を含む）」の形状、模様若しくは色彩又はこれらの結合であって、視覚を通じて美観を起こさせるもの」とされている。また、「工業上利用」することができるものでなければならない。

著作権の話は、問題になっている素材やメソッドが著作物ですか、という問いかけから始まります。なぜかというと著作物でなければ著作権は発生しないからです。著作者人格権すら発生しません。著作物でなければ著作権という法律上の権利についての話はそれで終わりです。

たとえば、以下のような場合は著作物となるでしょうか。

第一にアーティストが考案したワークショップそのもの。このワークショップそのものとは一体何なのかということも一つの問題になると思いますが、おそらく基本のアイデアがあって、進め方のようなものがあって、そのために使われる実際の素材、ツールのようなものも含まれるかもしれない。そういうものの総体だとここでは考えます。これは演劇の公演に非常に近い。そこにはシナリオがあるし、振付があるし、美術といわれるセットや衣装、音楽もあります。そして全体に対する演出や、それを演じる演者もある。その総体が「公演」ですね。ワークショップそのもの、というときはこの公演そのものに近いイメージです。

第二に、もう少し分析的に見て、ワークショップに関係する個々の素材があります。たとえば以下のようなものが考えられます。

①企画書：これはまだワークショップになっていないかもしれないし、もうすでにワークショップとして実施された場合もあるでしょう。企画書にはさきほどあげた基本アイデアや進め方などが記載されているはずで、詳しさのレベルはいろいろだと思います。

②シナリオ：企画書より一歩進んで、セリフのあるシナリオをつくるケースもあるかもしれません。
③オリジナルキット：ワークショップに使用するために独自に開発したりつくり上げたキットです。
④映像：ワークショップを映像に残す場合などです。
さて、これらは著作物でしょうか。

すべて著作物である可能性はあります。著作物なら、その素材には著作権が働きます。しかしながら、著作物と著作権の関係には、大きな一つのルールがあります。それは、人の著作物から抽象的なアイデアやノウハウを借りてくることは自由であり、そこに著作権は働かないということです。

たとえそれが紙や映像に記録されていても、記録されていないライブのワークショップとして行われたものでも、同じです。どういうことかといえば、ワークショップに参加した人、その映像を見た人、シナリオや企画書を読んだ人などが、その中から基本アイデアを借りていくときには著作権は働かないということです。

われわれが本を読むとき、本は立派な著作物ですが、そのテーマを理解し、インスパイアされて同じテーマの小説を書くことは自由だというのと同じことです。

しかし、どこまでが抽象的なアイデアでありノウハウなのか、どこからがより具体的な情報で、どこまでまねされたらそれは著作権侵害であるといえるのかという境目は曖昧です。

たとえば、ワークショップの内容を10ページの企画書の形で残したとき、だれかがそれをまるまる印刷でもしてくれれば、話は早い。それは基本的にはアイデアを借りているのではなく10ページの文章を複製しているのですからまず著作権侵害でしょう。ただしそれは10ページの文字情報を複製したという点において著作権侵害なのであって、その後似たようなワークショップを行うということが著作権侵害になるとは限らない。このようにアイデア、ノウハウの議論というのはどこまでもつきまといます。そしてワークショップや企画をまねられたというとき一番難しいのは、得てして何かをまるまるデッドコピーするという形よりは、アイデアやノウハウを借りられたという形のほうが多いからです。

とはいえ、ワークショップの中の詳細なセリフまわし、詳細なデザインなどが具体的に似ていれば他人の著作物を使っているということになります。ですから、いくらアイデアやノウハウは自由利用であるといっても、ここまで具体的に似ていたらだめでしょうということはあり得ます。

著作権のおよぶ範囲

次に著作権がおよぶ範囲について考えてみましょう。

著作物であれば著作権がおよびます。しかし、著作権は「一切合切使用しないでください、触れないでください」という権利ではない。著作権は権利の束[*6]といいまして、著作権法の21条から28条までに記載されている具体的な権利を総称して著作権といい、そのうちのどれかの権利を侵害していなければ著作権侵害とはいいません。たとえば、著作物にあたる企画書をコピーしたら複製権

***6 権利の束**

Bundle of Rights　著作権は、さまざまな権利が集まったものであるという意味で、著作権法の第21条～第28条に規定されている。それぞれの権利を支分権とも呼ぶ。

侵害、ビデオをダビングしても複製権[*1]侵害です。そのビデオを不特定多数の人を前にして流せば上映権[*1]侵害で、テレビで流せば公衆送信権[*1]侵害です。

しかし、ワークショップの「実施」は一体どの権利にかかわるのだろうかと考えると、疑問がでてきます。複製かというと複製はともなっているかもしれないが、ともなっていないことも十分あり得ます。では上演なのか。参加者と一緒にワークショップをやることが果たして上演なのかというと、少なくとも典型的な上演の概念とは少し違います。では展示なのか。美術的なツールでもあれば展示という言い方はあるかもしれませんが、美術作品と写真のオリジナル作品にしか展示権[*1]はおよびません。では口述なのか。最初から決まったセリフのかたまりがあれば口述になるかもしれませんが、該当するだろうか。ひょっとしたら、どの権利にもあてはまらないのかもしれない。

他人が似たワークショップをやるということに対抗するには、まねられた部分が著作物かどうかというハードルだけではなく、著作権がおよぶ範囲なのかどうか、というハードルがありそうです。

●権利者はだれか

次に権利者はだれかということを考えてみましょう。

著作権者とは、原則としては著作物をつくった人（著作者）になります。しかし、著作権は部分ごとに譲渡することも可能なので、著作者＝著作権者とならない場合もあります。また、企業の社員や公共団体の職員などが業務として著作物を作成した場合は、個人が権利者とはならず、その企業や団体の法人著作[*7]

*7 **法人著作**
著作者となることができるのは、創作活動を行った者であり、自然人たる個人が原則であるが、その創作をした者の雇用者である法人やその他の使用者が一定の要件のもとに著作者となる（著作権法第15条）。たとえば、会社員が職務上作成する報告書などは職務著作と呼ばれ、その会社（法人）が著作者となる。

作となり、権利は企業や団体が所持する場合があります。ワークショップを個人の事業として行うのか、業務として行うのかによって、権利者が変わってきます。

一方、ワークショップの過程で創作される作品の場合、共同著作[*8]という考え方が必要になることが多い。集団で創作していれば、その著作権は参加者全員のものです。現実的には参加者全員が権利を共有すると不便なことが多いので、事前に参加者と開催者の間で権利の譲渡について、取り決めをしておいたほうがいいでしょう。

契約

ここまでの話で、著作権にはいろいろな制約があり、いつでも働くとは限らないということがおわかりだと思います。(まして、そのほかの知的財産権が働く場面はかなり限定されます。)似たワークショップを実施されてしまったという場合への特効薬はまだ提示されていません。

「ルール」をいくらつくっても、ルールを守らない人を止めるという権限がなければ、一方的なお願いと何の違いもないことになります。では、法律上の権利では十分でないときに、どうやって他者に自分たちの希望するルールを守ってもらうことができるでしょうか。

それは契約です。契約とは契約書のことだけをいっているのではありません。個人と個人の間の約束で、ある程度明確な内容のものはおよそ契約です。口約

***8 共同著作**

2人以上の者が「共同して創作」した著作物であって、その各人の「寄与を分離して個別的に利用することができない」ものを共同著作物という(著作権法第2条第12号)。1冊の本の第1章はある人が執筆し、第2章は別の人という場合のように、各人の創作的な寄与は区別できる場合は、共同著作とならず、各章がそれぞれ著作物となるので、本全体は集合著作物と呼ばれる(集合著作物は通称であって、法文上の用語ではない)。

束も契約です。そして約束した当事者は法的に拘束されます。その限りにおいては著作権などの法律上の権利と同じです。ただし当事者しか拘束しません。契約の「当事者」とはだれかというと、原則として合意した本人（個人・団体）のことをいいます。ですから、合意していない人が契約書などに名前だけ登場しても、それは当事者とはいいません。

口約束も契約ですから、契約書だけが契約というわけではありません。われわれは生まれてから死ぬまでの間、数千の著作物をつくりあげるのと同じように数千の契約を締結しています。

文書にする場合、契約の書式としては、いわゆる契約用語といった作法はあまり大切ではありません。契約にとって一番大事なことは、だれが読んでも一つの意味にしか受け取りようがない文章で、しかもカバーすべき点がすべてカバーされていることです。それが満たされていれば、格好悪くても箇条書きでも問題ありません。

では、具体的なワークショップの場面ではどのような契約が考えられるでしょうか。たとえばワークショップの情報を得た人や参加した本人が、同じメソッドでワークショップを行うということは著作権などでは止めにくい場合もあるということはわかった。しかし、やはりそこに何か一定の歯止めをかけたいと考えた場合、契約という方法になります。

「ワークショップに参加したいのであれば、かくかくしかじかの約束で参加してください」という約束を参加申込書に記載し、参加者が署名などでこれに同意した時点で契約が成立します。同意してワークショップに参加した参加者は、もはや契約の当事者です。たとえばその参加契約の中に「このワークショップのアイデア、メソッドを無断でほかでは利用しないでください」、「ほかで利用するときにはクレジットを表記してください」、「利用する場合は必ず事前に承諾を取ってください」、「ここで配布した資料はほかに公表しないでください」というような条件を書けばいい。あまり一方的なものでない限り、それは参加者との契約になります。

ワークショップの実際の現場では、それ以外の目的でも参加者との間になんらかの規約や契約をつくっておくことは、いいことです。たとえば事故が起こったりけがをした場合の対処法について、参加者との合意を書き留めておくことがあります。そのほか、「必ずこれこれができるようになることを保証するものではありません」といったことを書かなければいけない場合もあるでしょう。

だれとだれが契約を結ぶかについて、ここまでは参加者を念頭におきましたが、ほかに、共同主催者の間の契約はよくあるパターンだと思います。クリエイティブな作業を負担する団体とビジネスサイドを負担する団体が、共同でワークショップを行いましょうというときに、お互いの間で約束を取り決めます。「うちのクリエイティビティを使って開発したワークショップですよ」「わかってます。でもうちのお金です。プロモーションもうちがやりました」「じゃあ、お互いに向こう5年間は相手の同意なしに類似した内容のワークショップを開催しないことにしましょう」といった約束です。そのときにこのワークショップのメソッドとか資料を、今後どういうルールで使っていこうかということについて、取り決めることもよくあります。

いわゆる「役務提供委託」*9の場合などは下請法*10についても知っておいたほうがいいでしょう。たとえばワークショップの実施に関して、主催者からA団体が委託を受けたとします。そして、A団体が実際の実施をB団体に再委託、つまり孫受けさせたとすると、そのときが適用対象となります。

下請法の中で大事なことは、発注したときに親事業者は発注書を交付しなくてはいけないということです。またその内容にはこれを記載すべしということが、かなり細かく決まっています。もちろん対価などは記載しなければいけません。加えていくつかの禁止行為が親事業者には課せられていて、その中に「買い叩き」も含まれます。たとえば適正な対価なく親事業者が著作権を取ってしまうと、おそらく買い叩きになります。下請法は、今後ワークショップにも関連してくると思いますので、さまざまな形態の契約を交わす場合に頭の隅においたほうがいいでしょう。

まとめにかえて

最後になりますが、法の規定と契約は合わせ技であることを忘れずにいてください。ですから著作権が請求できるレベルであれば、もちろん著作権を主張する。商標登録もおおいに結構です。でもその効果はいずれも有限です。商標

*9 **役務提供委託**

役務提供委託とは、事業者が業として行う役務（サービス）の提供の全て又は一部を他の事業者に委託することをいう（下請法2条4項）。事業者が業として行うサービスの提供とは、委託元の事業者が「他者」に提供するサービスのことで、委託元自ら利用するサービスは含まれない。たとえば、ソフトウエアを販売する事業者が、ソフトウエアを販売した後に顧客サポートサービスを有償で提供していて、この顧客サポートサービスを、他の事業者に委託する場合が役務提供委託の典型である。

*10 **下請法**

下請法（下請代金支払遅延等防止法）の目的は、継続的な取引関係の中で、大企業が中小企業（下請企業）との優越的な地位を濫用し、過度の値引き要求、代金の支払いの遅延、公正な商取引から逸脱した行為を行うことを防ぐことである。

登録も、では違う名前でやればいいんでしょうとなるし、著作権も、ではアイデアだけ借りて表現があまり似ていなければいいんでしょうという話になってしまう。そのように有限なものなので、著作権や商標も利用はするが契約もそれに組み合わせていこう、というのが望ましい。

この研究会発足の動機の一つは、質の良いワークショップを広く普及したい、しかしながら不当な囲い込みやある種の「ただ乗り」からの防衛はしたい、ということだろうと理解しています。そうした場合、自己の利益や権利を守るためにはこういう作品にしましょうと、あまり帰納的に考えすぎないほうがいいと思います。そういうことを考え始めると、結果的に面白くないものが生まれてしまうかもしれません。ワークショップの良さを伝えていきたいのであれば、まずは、面白いと思うことをやるのが一番大事で、それでできた作品にあわせて権利保護のしくみを考えるという順番がよいように思います。面白い作品が生まれない中で知的財産の保護の話をしても、こんなに虚しいことはありません。

参加者が最高の時間を体験できて面白い作品を生み出せる、それを第一に考えることが、最高の知的財産につながるのではないかと思います。

8

第八章

「知財」って何？

井上理穂子

「知財」って何？

「知的財産」とは、人間のさまざまな知的創造活動の成果であり、それらは文化や産業の発展を促すものです。このような知的創造活動を促進するために、「知的財産」を創作した者に対して、一定の精神的権利と経済的権利を付与しているのが、知的財産権法[*1]です。最近、「知財」と一般的にいわれる言葉は、まずこれらの知的創作活動の成果である知的財産[*2]を示し、さらにそれらの創作者に精神的、経済的権利を付与して保護をする知的財産権法制[*3]を示して使用されることもあり、またそれらの法律で付与されている権利全般をそれぞれ場合によって指しているようです。

さて、ではなぜ最近になってこれらの「知財」がちまたを騒がせているのでしょうか？　それにはさまざまな理由が考えられると思いますが、デジタル化、ネットワーク化社会に突入したこと、さらに社会活動全般の情報化とグローバル化が進展し、21世紀の経済を中心となって引っ張るものとしてネット上を流通する情報（コンテンツ）の財産的価値が上がり、重要視されるようになったことがおもな理由といえるでしょう。ワークショップにかかわるすべてのアクティビティも、この変化に対応していかなければならないことは間違いないでしょう。ワークショップを実施しているアーティストの方、学校の先生方、さらにはＮＰＯや児童館、博物館、美術館の方々も、うすうすこれらの変化に気

＊1 **知的財産権法**

そもそも、知的財産権は、「創作者の名誉と創作活動を支える安定的な経済基盤を保障し、より高度な創造性に向けての取り組みに対してインセンティブを付与することが必要であり、そのためには創作者の精神的・経済的な権利と利益を法的に保護することが不可欠である」という考えのもとに付与される権利である。（詳解著作権法［第3版］作花文雄・２００４・Ｐ２）

＊2 **知的財産**

「知的財産」の定義については、知的財産基本法第2条第1項参照。第2項の「知的財産権」の定義と異なることに注意していただきたい。

＊3 知的財産権法制

知的財産権法制は、民法に対する特別法的な性格をもち、創作者に準物件的な排他的権利が付与される。また、知的財産権法には、刑事罰も定められており、その点では特別刑法としての性格も有する。

づきながらも、どうしたらよいものかとそのままにしている、ぼんやりわかっているけれど具体的な対策を講じることができないなどの状態にいるのではないでしょうか。

ここでは、おもに著作権法という法律の側面からワークショップの企画・考案、実施・運営をとらえることで、ワークショップのアクティビティにかかわる人のぼんやりとした「どうしたらいいのだろう」という疑問に対して、考える第一歩となる情報を提供できればと思っています。残念ながら、疑問に対する答えが書いてあるわけではありません。答えはまだ出ていないのです。この疑問を解決していくにはどのようにしたらよいかということについては、当事者であるワークショップにかかわる方々自身に考えていただきたいのです。

著作権法が適用されるのは、著作物に対してのみです。ですから、まず著作物とは何であるのか？　ワークショップにかかわるさまざまな作品や創作物は著作物であるのか？　について考えます。そして、著作物であるということになれば、その著作物の著作者、著作権者はだれなのか？　どのような権利が著作権者に与えられていて、どのようなことが第三者に主張できるのか？　を検討する必要があります。さらに、著作権制限規定によって著作権者の権利が制限されているのはどのような場合で、ワークショップのどの場面でそれらが適用されるかについて考えます。最後に、ケーススタディとして具体的なワークショップを想定して、著作権法にかかわる点について見ていきたいと思います。

ワークショップは「著作物」なのか?

さて、ワークショップを企画・考案、実施・運営をしていると、「知財」にあてはまりそうなものを数多く創造していそうですよね。また逆に、もしかしたらだれかの知的財産権を侵害しているかもしれない、と思うこともあるかもしれません。ワークショップにかかわる知的財産権法制はおもに著作権法です。著作権法の中で、「知的財産」は著作物と呼ばれます。著作物にあたらなければ、そもそもその創作物は著作権法で保護されませんし、またその創作物を創作した人は著作権法で規定されている権利をもちません。言い換えれば、人間が創作したものであっても、著作権法でいう「著作物」にあたらなければ、その創作されたものは単なる創作物に過ぎず、「著作物」とはならないのです。

●著作物であるための条件

「思想または感情」

著作物であるためには、まず思想または感情を表現したものでなければなりません。今日の株価やいつどこでどんな事件が起こったなどということは、事実に過ぎず、著作物となりません。一方で、社会的事実などを素材として、文章、表、グラフ、統計資料などとしてまとめた場合、その文章、表、グラフなどは著作物となる場合があります。この場合、だれが表現しても同様になるようなごくありふれたものは含まれません。

「創作性」「表現したもの」

著作権法でいう創造性とは、芸術的に高いレベルのものではなく、著作者の個性が創作行為に表れていればよいというものです。ただし、だれが表現しても同じとなる「ありふれた表現」は創作性が否定されます。さらに、「表現したもの」とありますが、文字、記号や線、色などの表現手段によって表現されなくてはならず、その創作物の奥にある、思想、感情そのものが著作物になるわけではありません。つまり、創作を行ううえのアイデアや、画家の作風、画風などは表現したものではないので、著作物に含まれないのです。研究会のメンバーでもあるアーティストの藤氏が、このアイデアの段階のものを「モヤモヤ」と表現していました。この「モヤモヤ」を何らかの表現手段で「表現したもの」、それが著作物となるわけです。ですから、アイデアやその作風をまねされても著作権侵害だということはできないのです。

「文芸、学術、美術、音楽の範囲」に属するもの

著作物は、文芸、学術、美術または音楽の範囲とありますが、これは自動車やパソコンのデザインなど産業のプロダクトのデザイン保護は工業所有権制度で行うので、著作権法[*4]では扱わないとしているからです。

著作物は紙やテープ、DVDやCD、キャンバスなどの物理的媒体に固定されている必要はありません。原稿のない演説や講義、さらにはジャズなどの即興演奏も著作物となります。

著作権法は第10条第1項[*5]で例示的に著作物となるものを列挙していますが、

＊4 著作権法

著作権法は、文化の発展を目的とするのに対して、工業所有権制度は産業の発展を目的とし、特許法、実用新案法、意匠法、商標法などがある。近年は、産業財産権と呼ばれることもある。詳細は、第七章や巻末資料を参照。

＊5 著作権法第10条第1項

著作権法第10条第1項には、著作物となるものが例示的に掲げられており、また各号の複合的な性格を有する著作物もある。

必ずしもこれらの場合に該当しなくても、前述の要件を満たせば著作物として認められます。

●ワークショップにかかわる「著作権」

さてここで、日ごろみなさんが、これはワークショップにかかわる著作物なのではないか…？　と考えているものが、実際に著作物であるのかどうかを見ていきましょう。

まず、なんのワークショップをするにしても企画書がつくられますね。これはアーティストや、ワークショップのコーディネーターなど、とにかく企画・考案する人から提出されるでしょう。これは著作物となるのでしょうか。もちろん、企画書そのものは文章や表などで表現された著作物といえます。しかし、企画書というのはたいがいそのワークショップに関するアイデアやノウハウのようなものが記述されています。ですから、企画・考案する人は、そのアイデアやノウハウを著作物として著作権法で保護してほしいと思うでしょう。しかし、それは前述のように難しいのが現状です。

次にあげられるのが、ワークショップを記録したビデオやDVD、写真などです。この場合、ビデオカメラをある場所にセットして、定点カメラのようにレンズの前の映像を自動的、機械的に撮ったものは著作物とはいえません。カメラワークやフィルム編集が必要となってきます。これらは映画の著作物[*6]として扱われる可能性が高いと思われます。また、そのビデオなどが著作物であっても、企画書と同様にそれらの中のアイデアやノウハウなどは著作物とはなり

*6 映画の著作物

映画の著作物（第10条第1項第7号）は、音をともないまたはともなわないで、連続する影像により表現されたものである。連続影像による表現に作者の創作性が必要である。また、映画の著作物となるためには、物に固定されていることが必要である。

ません。さらに、そのビデオなどに他人の著作物が含まれる場合は、ビデオは2次的著作物[*7]となり、その著作物の著作権者もビデオに対して著作権をもつことになります。

また、たとえば外国語の小説等を翻訳した場合、その翻訳された作品も前述の2次的著作物というものになります。ワークショップにおいては、さまざまな2次的著作物がその場において利用され、また創作されていくことも多いと思います。

ワークショップで使用した、教材、資料は一般的に著作物となり得ると考えられます。この場合も第三者の著作物を自己の著作物の中に利用する場合は、後述する「権利制限の規定」に該当しない限り、許諾を取る必要があります。

ワークショップ用に開発したキットももちろん著作物となり得ます。

さて、それでは肝心のワークショップそのものは、なんらかの著作物となるのでしょうか？　残念ながら現段階では、ワークショップそのもの全体が著作物となるということは難しい状況です。また、たとえ言えたとしても、後述するような著作権法で認められている権利となじみにくく、有益な保護がなされないことが多いのです。

著作者ってだれ？　2人以上で一緒に創作したら？　実演家って？

●著作者、著作権者、著作隣接権者

著作者とは、著作物を創造した者で、著作権者は著作権法の規定するさまざ

***7　2次的著作物**

既存の著作物に新たに相違性を付加して創作されたものは、2次的著作物と呼ばれる。2次的著作物を創作する場合は、その既存の著作物（現著作物）の著作権者に許諾を取る必要がある。この場合、ビデオが2次的著作物、その中に含まれる他人の著作物が現著作物となる。2次的著作物はそれ自体が著作物であり、さらに原著作物に依拠して創作されたものであるので、現著作物の著作権者は2次的著作物に対しても2次的著作物の著作権者と同様の権利をもつことになる。

まな権利をもつ者です。著作者と著作権者は基本的に同じですが、異なる場合もあります。著作者が著作権を譲渡した場合、著作者は著作権者ではなくなりますが、著作者であることに変わりはありません。ワークショップなどは複数の人が共同して著作物を作成する場合が多いと考えられます。２人以上の人が「共同して創作」した著作物であって、その各人の「寄与を分離して個別に利用することができない」ものを共同著作物といいます。

２人以上の人が関与している著作物でも、各人がそれぞれここからここまでが自己の著作物である、と明確にすることができる場合には、共同著作物とならず、それぞれが独立した著作物となります。このような場合は集合著作物と呼ばれますが、法律には規定されていません。共同著作となるためには、複数の人が創作に対する共通認識をもって連携を図りながら一つの著作物を共同して作成していくことが必要です。これらの権利の共有関係においては、基本的には、民法第２６４条に規定する数人で所有権以外の財産権を有する場合となる準共有となり、同法第２４９条以下の共有に関する規定が準用されます。

著作者は創作活動を行った者であるというのが原則ですが、創作した者が職務上作成したものについては、雇用者である法人や使用者が一定の要件の元に著作者となることが定められています。会社や公共団体の職員が職務上作成する各種の報告書等の著作物は一般的には個々の職員の著作物や共同著作物とはならず、会社や公共団体が著作者となる、職務著作*8となります。

*8 **職務著作**

第七章*7参照。要件として、（1）著作物の創作についての意思決定が、直接的又は間接的に使用者の判断であること（法人等の発意に基づくものであること）、（2）法人等の業務に従事する者が職務上作成するものであること、（3）法人等が自己の名義を著作権者として付して世に公表するものであることなどがあげられる。

*9 **実演家**

実演家は、「俳優、舞踏家、演奏家、歌手その他実演を行うもの及び実演を指揮し、または演出する者」（第2条第1項第4号）と定義されている。

★10
著作隣接権者

著作隣接権者は、著作物を創作する者ではないが、著作物を世に送り出すことにおいて重要な役割を担い、また、準創作活動としても認められるため、著作権法にて法的保護が与えられている。「実演家」、「レコード製作者」、「放送事業者」、「有線放送事業者」が含まれる。

★11
著作者人格権

図1

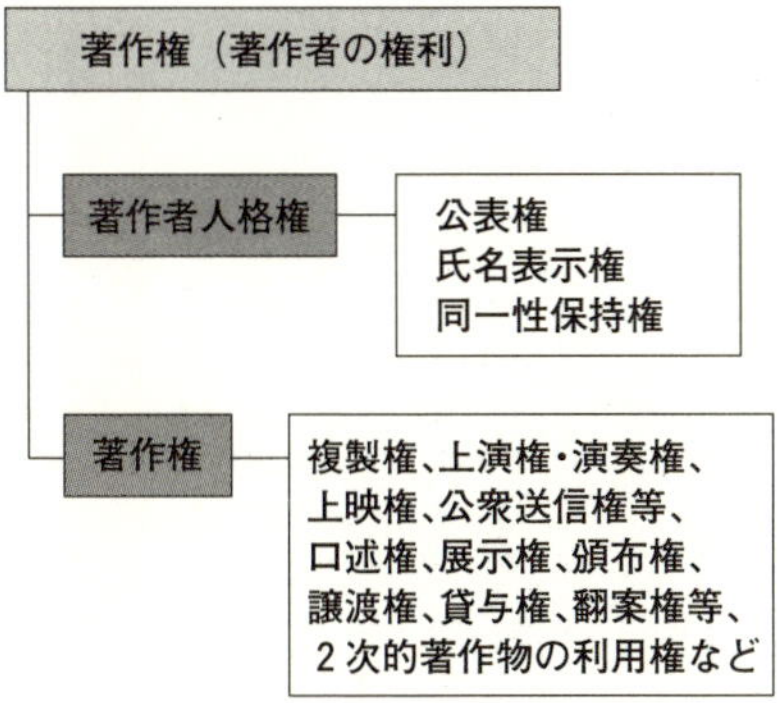

●実演家

ワークショップの中で、講演、演劇、音楽の演奏などを行う人がいると思いますが、彼らは実演家と呼ばれます。実演家[★9]は、おもに著作物を「演劇的に演じ、舞い、演奏し、歌い、口演し、朗詠し、またはその他の方法により演ずること」を行います。著作物を演じなくても、芸能的な性質を有するものも含まれ、記述や曲芸なども実演となります。実演家は、著作隣接権者[★10]であり、著作権者ではありませんが、一定の権利が著作権法上認められています。実演家が自己の著作物を上演、演奏する場合は著作権と著作隣接権のどちらも有することになります。

著作権、著作隣接権ってどんな権利？ 著作権制限って？

さて、自分が創作した作品が著作物であり、さらに著作権者が自分であることがわかったとして、著作権者であるあなたはどのような権利を行使できるのでしょうか？　実演家はどんな権利を行使できるのでしょうか？　いったい権利の行使とはどういうことなのでしょうか？

著作者のもつ権利には、人格的利益の保護に着目した「著作者人格権[★11]」と、財産的利益の保護に着目した「著作権」の2つがあります。著作者人格権は、譲渡できませんが、著作権は他人に譲渡できます。著作権者は基本的に著作権法に規定されているすべての権利を専有し、その権利の範囲内において、著作物に対して独占的排他的権利を専有します。例として、複製権（第21条）の場合について考えてみましょう。著作権者だけがその著作物を有形的にそのまま再製する権利（複製権）をもつので、その著作物を複製したい場合は、原則その著作権者の許諾を得なければなりません。著作権者は、その複製を許諾することも許諾しないこともできます。また、無料で複製させることも有料でさせることもできます。ただし、著作権法には著作権制限規定[★12]（第30条〜第49条）というものがあって、著作権者の許諾を得なくても無許諾、無料で著作物を利用してよい場合があります。この規定は、文化的所産を公正に利用して、文化の発展を促進するという公益上の理由や、著作物の特性や利用態様からみて権利者への影響が少なく、むしろ著作物の円滑な利用につながるという理由から盛り込まれているものです。

権利制限規定の中でも、ワークショップに関係する規定をいくつか説明しましょう。まずは引用[★13]（第32条）です。ワークショップで利用する資料や教材、キットが著作物となる場合において、その著作物の中に他人の著作物を引用という形で利用することができます。さらに、学校その他の教育機関における複製等（第35条）の規定があります。学校の先生が自己の授業内に他人の著作物を利用してワークショップ形式の授業を行うにあたって他人の著作物を複製することは、第35条に該当し、無許諾・無料で認められます。しかし、ワークショップが学校において行われていても、授業外である場合は、第35条が適用されず、複製には許諾が必要となってきます。また、営利を目的としない上演な

★12
著作権制限規定
日本の著作権法は、権利が制限される場合を第30条以下で個別具体的に列挙する「限定列挙」する方式であるが、アメリカの著作権法などではFair Useの概念により、その著作物利用行為の適否を判断するしくみを取る。Fair Useには、判例によって示されてきた判断指標として4つの要素があり、これらの要素とその他の事項を総合的に勘案して、ケース・バイ・ケースで判断される。

★13
引用
引用として認められるには、自己の著作物を創作するにあたり、自己の論述を補強するために他人の著作物を参考にしていること（引用目的）、引用部分と自己の著作物の区別が明瞭であること（明瞭区分性）、自己の著作が主であり他人の引用部分は従であること（主従関係）、自己の著作物を創作するにあたり引用するべき必要性があること、また出所表示をすることなどの要件を満たす必要がある。

ど（第38条第1項[14]）は、広く非営利かつ無料である場合に適用され、無許諾・無料で著作物を上演、演奏、上映、口述できるとしています。しかし、この「非営利」「無料」というのは、出演者らに報酬が支払われず、さらに入場が無料である場合に限られます。また、出演者に交通費、昼食代などが実費で払われる限りは無報酬と認められます。

●ワークショップにかかわる著作権と著作隣接権

次に、ワークショップの実施・運営に際してかかわってくる権利について少し詳しく説明したいと思います。

まずは、複製権（第21条）です。ワークショップにおいて他人の著作物などをコピーして配布する場合は、著作権者に許諾を取る必要があります。逆に、ワークショップにおいて配布した自己の教材や資料については他人は無許諾でそれらを複製できないということになります。

次は上演・演奏権（第22条）、上映権（第22条の2）です。著作物を公に上演や演奏することに関する権利です。具体的には、ドラマの台本や演劇の台本などの著作物をもとに演じることが「上演」、著作物である楽曲を演奏することが「演奏」です。アーティストが行った演劇的なものや音楽の演奏などをビデオに撮ったものを、ワークショップ中に上映することは著作権法上の上映にあたるため、著作権者の許諾が必要となります。

演劇的なものや音楽の演奏などを行ったアーティストは、実演家であるので著作隣接権が認められます。著作隣接権の中には、録音・録画権[15]（第91条）という

＊14 著作権法第38条第1項

第38条第1項の規定は、非営利目的での上演や演奏、上映、口述という無形的な著作物の利用を許容するもので、教育機関や地域での教育文化活動が円滑になされるようにすることが目的である。

＊15 録音・録画権

録音は「音を物に固定し、又はその固定物を増製すること」（第2条第1項第13号）で、録画は「影像を連続して物に固定し、又はその固定物を増製すること」（同第14号）と規定されている。

ものがあり、実演家であるアーティストは、だれかが録音や録画をすることを許諾するかしないかについての権利はもちますが、１回録音・録画を許諾してしまうと、その録音物、録画物の演奏や上映に関しては何ら権利をもたないのです。つまり、アーティストが単なる実演家であって、他人の著作物を演じただけで、録音・録画を許諾した場合は、そのアーティストはそのビデオ上映に関してはなんら権利をもたないということになります。（ただし、インターネットに載せる場合は92条の２により権利者に権利があるので許諾が必要になる）

また、市販のＣＤなどをワークショップ中に流して利用する場合は、原則としてその楽曲の著作権者に演奏権（第22条）があるので、許諾が必要ですが、音楽の楽曲の場合は、ＪＡＳＲＡＣ[*16]に登録してあるものがほとんどで、それらの楽曲は料金をＪＡＳＲＡＣに支払えば直接著作権者に許諾を取らなくても利用できます。

ワークショップの活動をホームページなどに載せる場合、インターネット上に著作物をおくことになるので公衆送信権（第23条）がかかわってきます。公衆送信権は、著作物を無線および有線、また放送形態およびオン・デマンド形態のすべての送信を総括するものです。公衆送信可能な状態に著作物をおくこと（コンテンツをアップロードする）を送信可能化といい、その権利も公衆送信権に含まれます。

また、読み聞かせ、詩歌の朗読などは、口述権（第24条）の対象となります。市販の英会話のテープやＣＤを公に聞かせる場合もこの口述権の対象となり、

*16 **JASRAC**
社団法人日本音楽著作権協会(JASRAC : Japanese Society for Rights of Authors, Composers and Publishers)。
http://www.jasrac.or.jp/profile/index.html

権利制限規定にあてはまらない場合は著作権者の許諾が必要となります。

ケーススタディ

ここで、少し具体例を見てみましょう。ワークショップをステークホルダーの観点からみると、図2のような構造が考えられます。まずワークショップに参加するこどもたちがいます。そのワークショップの実施団体（場所）として、学校、児童館、博物館、美術館、民間企業などがあります。そして、ワークショップを企画・考案、実施・運営する、教師、アーティスト、職員、社員などがいます。さらに、フリーのワークショッププランナー、NPO法人などがいます。これらのプレイヤーの組み合わせは多数考えられると思われますが、ここでは3つの場合について考えていきます。

1つ目は、アーティストがもち込み企画または実施団体がアーティストに依頼してワークショップを行ってもらう場合です。実施団体は学校、児童館、博物館、美術館などが考えられます。この場合は、アーティストとその実施団体の間で、ワークショップにかかわるすべての著作物について共同著作であるのか、職務著作であるのか、あらかじめきちんと取り決め（契約）をすることが望ましいです。また、アーティストが実演家である場合、ワークショップの記録に際しておもに録音・録画に関する著作隣接権についても許諾を取るなり、権利関係をはっきりしておいたほうがいいです。この場合、おもにアーティス

図2

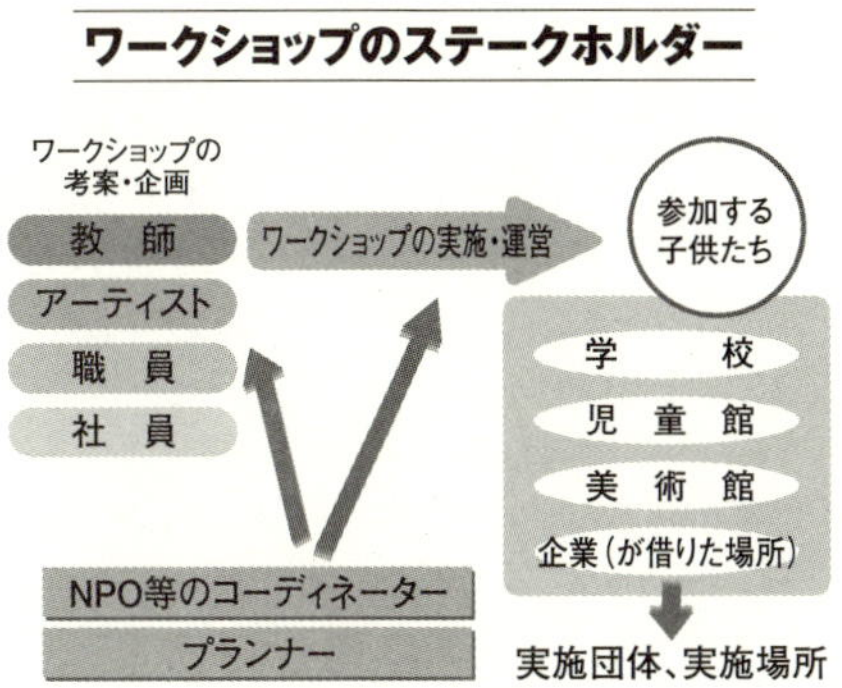

トがワークショップ自体を考案している場合が多いので、アーティストがワークショップにかかわる著作物に関して権利をもつことが多いでしょう。しかし、実施団体も1回でワークショップを終わりにするのはもったいないとして、そのワークショップをアーティストなしでその後も開催していきたいと思うのであれば、その旨についてもアーティストと契約を結んでおくべきです。この場合、そのワークショップのノウハウなどは著作物ではないので、原則実施団体はその形態でのワークショップを続けることはできるでしょうが、資料、教材、キットなどはアーティストに著作権があります。

2つ目は、アーティストとコーディネーター、教師や職員などのワークショップへのかかわり方が問題となってきます。アーティスト、コーディネーター、教師や児童館などの職員らが考案のときから共同して行った場合は、ワークショップに関する著作物は共同著作物となるでしょう。しかし、コーディネーターや教師が、アーティストに考案を実質上すべてお願いしておまかせしたのであれば、著作権はアーティストが単独でもちます。逆に、アーティストがある著作物を創作するためのノウハウや作風だけを提供して、アーティスト、参加したこどもたち、教師、コーディネーターなどすべてのプレイヤーが共同で著作物を創作した場合は、かかわったすべての人の共同著作物となります。そうなると、権利行使などがとても面倒になるので、この場合は一律でだれかが管理するというような、なんらかの取り決めを行っておくほうがいいでしょう。ただし、著作者人格権はすべての人がもち続けるものなので、全面的にどこかが著作権をもつということはなかなか難しいかもしれません。

３つ目としては、実施団体の職員が職務としてワークショップを企画・考案、実施・運営していく場合です。実施団体職員は職務として行っているので、ワークショップにかかわる著作物はすべて実施団体の法人著作となり、法人が著作権をもちます。また、そこにアーティストが企画・考案の段階でかかわったときには、法人とアーティストの契約が委任契約であれば、職務著作となる場合も考えられますが、その辺りはやはりアーティストと実施団体が最初に契約を行うべきでしょう。さらに、美術館や博物館などのインターンが創作を行った場合は、職務著作となるのか、あるいは、その人の著作物となるのか、これは難しいところですね。

おわりに

ここまでワークショップについて、著作権法の観点からさまざまな例を示して考えてきました。みなさんもおわかりのように、これが答えだ、これをこうすればよいというものはありません。ただ、著作権法で保護されているものは、ワークショップにおいて創出されるさまざまな作品や創作物の一部であり、さらに付与されている権利は一部の利用方法についてだけです。つまり、個々のケースにおいて、だれが権利をもつかは契約などの内容に委ねられている部分が多いと思われます。それにもかかわらず、ワークショップに関係している方々の中では、これらの権利や契約についての問題が端におかれてしまっているのが現状だと思います。しかしながら社会の変化の状況に応じて、ワークショップにかかわるすべての方々が、この問題についてきちんと考え、ただ権利を主張するだけではなく、お互いにより良いワークショップを実施できるよう、ルールを整備していく時期にきているのではないかと思います。そのルールとは、著作権法のルールにのっとりながらも、ワークショップ関係者の中で作成・醸成させていくローカルルールともいえるものになるのかもしれません。

最後に、ご存知の方も多いでしょうが、Creative Commons License[*17]という考え方があります。ワークショップにおける著作物についてCreative Commons Licenseがそのままで有効かどうかはまだ疑問ですが、このような一定のおおまかなルールをワークショップに関係するコミュニティーの中で作成し、個々の契約と組み合わせて使っていけるようにしていくことによって、ローカルルールは成立していくのではないでしょうか。

*17 **Creative Commons License**

http://www.creativecommons.jp

法律や技術に関する専門的な知識がなくても、簡単な4つのアイコンの組み合わせを選択するだけで、だれでも自分の生み出した作品を、自分の好きな条件で、インターネットを通じて世界に発信することができる画期的なライセンスシステムである。「表示」（クレジットの表示）、「改変禁止」、「非営利」、「継承」（自己の著作物を自由に利用していいが、利用して創作された著作物は、またほかの人が同じ条件で利用できるように設定して欲しい）の4つを自由に組み合わせて、自己の著作物のライセンス条件を定めていく。Creative Common Licenseは、このようにある一定のおおまかなルールを定めて、そのルールに賛同する人がその中でクリエイティブな活動の促進をめざしているものである。

9

第九章

知的創造サイクルとして考える
ワークショップの知財

杉田定大

知財立国

まずは、2002年に打ち出された国家戦略としての「知財立国」[*1]について簡単にご説明します。2002年11月に制定された「知的財産基本法」の中に、知財立国とは、日本人の能力を発明や創作の分野で十分発揮するということ、そして日本の経済社会の発展を図ることを目的とし、世界文明の発展に貢献することと示されています。日本人のためだけではなく、広く世界にどう貢献していくのかということも考えていかなくてはならないということです。要するに、知的財産とはそれほどに価値のあるものだということなのです。

このような意味であらためて知的財産について考えると、たんに「知的創造」だけではなく、これを「保護」し、そして「活用」するという3つの分野が、「知的創造サイクル」[*2]として好循環していくことが求められているわけです。活用された結果得られる利益から、また新しい知的創造を行っていくという仕組みが、より早くより大きく回っていくことが望まれるのです。

ですから、このワークショップ知財研究会の中でも議論されていますが、ワークショップに関する知財をただ保護しましょうというだけではなく、次のステージの創造につなげるために活用するということが重要になるのです。そして、この活用の場面において、ワークショップに関連した知財という成果を、他の人やコミュニティーがどう使うのか、どう使うことがベストなのか、とい

*1 **知財立国**

小泉純一郎前首相が2002年に打ち出した国家戦略の1つで、知的財産の創出、保護と活用を、国をあげて取り組む課題とした政策である。「知財立国」は、おもに世界特許に向けた取組みや模倣品や海賊版などへの対策、大学の知的財産管理機能、営業秘密保護の強化や実質的な特許裁判所機能の創出、法科大学院の設立による知的財産専門人材の育成などがあげられ、2002年11月には知財基本法を成立させて以来、内閣の知的財産戦略本部を中心に政策が進められている。(2007年現在)

＊2 知的創造サイクル

(http://www.ipr.go.jp/intro4.html 内閣官房知的財産戦略推進事務局のホームページより) 知的財産を有効に活用して産業競争力を増大させるために、研究開発部門やコンテンツの制作現場において質の高い知的財産を生み出し、それをすばやく権利として保護し、そして産業界においてその付加価値を最大化させて活用するという循環サイクル。

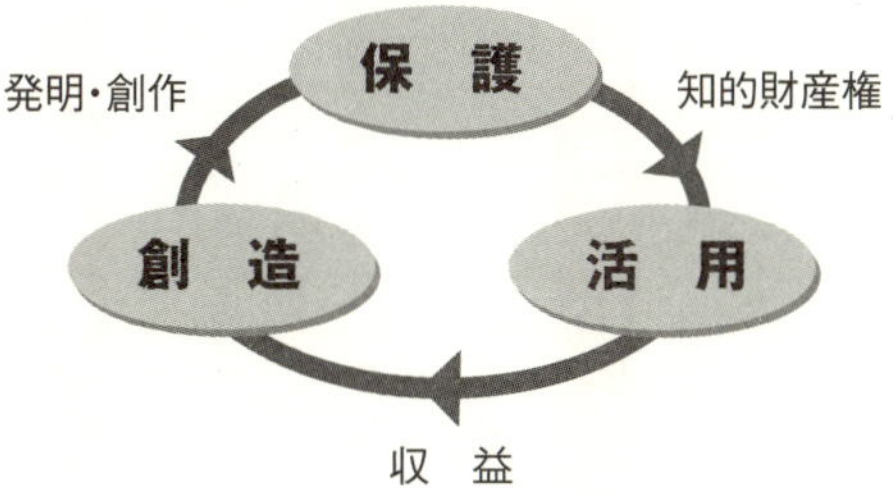

うことを考えていくことはとても重要ではないかと感じています。

なぜ日本において知財立国という考え方がでてきたかというと、近年、知財を守らないと世界に太刀打ちできないのではないかという恐れがますます大きくなってきているからではないかと思います。アメリカでは、パテント[＊3]やライセンスの輸出の比率が高くなっていき、それがアメリカの繁栄に繋がったという経緯があります。日本もそれにならって、モノだけの輸出ではなく、とくに技術のような無体財産をどのような形で海外に出していくのかということが重要なコンセプトとなっていると思います。それからもう一つ、過去には基本的な特許は海外から輸入できたのですが、いまやもうそういう時代ではなくなったということも挙げられます。とくにアメリカはプロパテント政策[＊4]ということを１９９０年代の中ごろから言い出しています。そのころから諸外国から特許を始めとした知財を、安い価格で譲り受けるというのは難しくなってきているのです。そういうことから、自分たち自身で考え出して、つくり出していかなくてはいけない、このような時代になってきて、知財で国を興し、知財で国益をつくっていくということが必要になってきているのだと思います。

著作権法などの法律で保護される無形財産、いわゆる著作物に関する権利である著作権に関しても同様のことがいえると思います。特許権と異なり、著作権は登録の必要がなく、その創造が行われた瞬間からその創造物は著作物であり、著作権が発生します。著作権法は、「文化的所産の公正な利用に留意しつつ、著作者等の権利の保護を図り、もつて文化の発展に寄与することを目的とする」（著作権法第1条）ので、一概に保護されることにより利益＝金銭に直結するものではありませんが、日本の音楽、アニメや映画などの著作物には、特許という知的財産と同じくらい国際競争力があることは間違いありません。著作物は特許とならんで国の大きな知的財産として経済発展を牽引していくことができるでしょう。

このようなことを国家戦略として推進しているのですが、知的財産基本法がつくられたのが２００２年で[5]知的財産戦略本部のスタートは２００３年と、動き出してから4年になります。しかしながら、世界的な流れの中でも、あらゆる面で知財の重要性、そして知的創造サイクルの必要性は増していく一方ですから、着実に成果を積み上げていかなければならないと感じています。

コンテンツという知財

知財とはそもそも無形財産なのですが、今、企業の無形財産と有形財産との比率で、無形財産の割合がどんどん高くなってきています。特許とか、あるいは著作権といったものの割合が膨らんできているのです。アメリカは今、有形と無形の比率がだいたい3対7くらいで、7割が無形財産になっています。日本では比率が有形より無形のほうが高くなるというところまでは至っていませんが、これからどんどん膨らんでいくはずです。無形財産である知財を、これからどう評価しアセット（運用）していくかということも、ますます大事にな

＊3 パテント、ライセンス

パテントは、特許のこと。ライセンスは、もともと免許証、認可証の意だが、この場合は、権利者が対価の支払いなどと引き換えに排他的権利を他人に実施させたり利用させたりすることをいう。

＊4 プロパテント政策

自動車・半導体の日米貿易摩擦が起こり、アメリカは日本の安い工業製品に押されて市場でのシェアを失っていた頃、対日貿易赤字にあえいでいたアメリカは、「ヤングリポート」と呼ばれる報告書において日本への対抗策の一つとして産業の活性化として知的財産の保護強化を掲げた。この報告書により開始されたのがプロパテント（特許重視）政策である。

っていくと思います。

無形財産の中でもとくに著作物は、コンテンツ産業の急速な発展にともない、これまで以上に注目されています。アニメやゲームといった分野を日本の文化とし、新たな産業として発展させていくために、コンテンツ促進法[6]「コンテンツの創造、保護及び活用の促進に関する法律」も制定されました。加えて、既存の著作権法の見直しもはじまっています。抜本的な著作権法の改正について、今いろいろ議論されているところです。先行的に議論されているのは、私的録音録画補償金制度[7]や共同著作物の扱いをどうするかというような内容になります。

いずれにしろ、時代の流れや技術の発展に応じて、著作権法はどんどん変えていかなければいけないと思っています。たとえば増大していくデジタル情報に即した新たな著作権法のような考え方や、あるいは著作権法に少し上乗せ的にする産業著作権[8]のような考え方、また、特許と同じように登録を行って、許諾とお金さえ払えばその著作物が自由に使えるというようなことにできないかということも議論されています。

そのような中、コンテンツ専門調査会[9]の中でも、この研究会で話し合われている、こどもたちに創作意欲を高めるためにはワークショップのような活動は大事なんだという認識はもたれています。

＊5 知的財産戦略本部

知的財産基本法が２００３年３月１日に施行され、同基本法第24条に基づき、知的財産の創造、保護及び活用に関する施策を集中的かつ計画的に推進するため、内閣に知的財産戦略本部が設置された。これは、政府が一体となって知的財産戦略を進めていくうえで、関係府省と総合調整を図りながら施策の推進を図っていく中心的役割を果たすもので、内閣総理大臣を本部長、官房長官、科学技術政策担当大臣、文部科学大臣、経済産業大臣を副本部長とし、本部員はその他すべての国務大臣と知的財産政策に優れた識見を有する民間有識者（10名）から構成されている。

*6 **コンテンツ促進法（コンテンツの創造、保護及び活用の促進に関する法律）**

２００４年に成立した法律で、コンテンツ（第2条ではコンテンツを「映画、音楽、演劇、文芸、写真、漫画、アニメーション、コンピュータゲームその他の文字、図形、色彩、音声、動作若しくは映像若しくはこれらを組み合わせたもの又はこれらに係る情報を電子計算機を介して提供するためのプログラム（電子計算機に対する指令であって、一の結果を得ることができるように組み合わせたものをいう）であって、人間の創造的活動により生み出されるもののうち、教養又は娯楽の範囲に属するもの」と定義している）産業の活性化に資する国・自治体・一般国民の責務を定めている。行政機関の発注したコンテンツの原著作権が製作者に帰属することを初めて定めた（第25条）ことが評価されている。

権利の保護と活用の方法

●特許権と先使用権、パテントプール

ワークショップに関係する方々にとっては、特許権より著作権のほうがなじみがあり、また興味があるかと思いますが、ここでは著作権を扱うにあたって有効ではないかと思われる、特許に関わる先使用権*10とパテントプールというものについて少しお話します。

特許というのは出願し登録される制度で、創作物が生まれた時点で自然に発生する著作権とは大きく異なります。出願した後18ヶ月たつと公開され、その後請求をすることによって、特許庁が審査をします。そして、特許庁で判断され登録されるのです。

しかし、出願だけしておくという手法も多くとられています。特許出願中という言葉をよく目にすると思いますが、「わたしはすでにやっている」ということを広く知らしめることによって同じ分野に入ってくることを阻止しようとする考え方です。実際に特許が取れない場合でもある程度の抑止効果はあるのではないでしょうか。

特許に関連した権利に「先使用権」というものがあります。特許が出願される前に発明していたり、つくっていたということが証明できれば、その人には先使用権が認められ、後から特許申請をした人から特許侵害で訴えられるとい

＊7

私的録音録画補償金制度

MD、DVD-RWなどのデジタル方式のコピー機能がついた機器や媒体（ラジカセ、デジタル録音機など）を買うときには、その価格の中に私的録音録画補償金が含まれている。第30条第2項で一定の録音・録画を行うものは私的複製の範囲内であっても相当の額の補償金を著作権者に支払わなければならないとされ、補償金の支払いは機器の購入時に文化庁長官に認可された補償金規定に従って購入者から製造販売業者を通じて指定団体に支払われることになった。補償金の額は、複製の態様や機器の性能により多少異なり、だいたい基準価格（最初に流通したときの価格）の1%から3%程度。

うことがないようになっています。しかし、先使用権をもっている人は特許権をもっているわけではありませんから、特許権をもっている人に対して特許権の侵害だと言うことはできないのです。今、企業の技術開発の成果などは、特許として申請せずに先使用権という形にして自分たちの秘密にしておくというケースも多いです。特許申請をすると公開されてしまうので、そのリスクを回避するための方法となっているのです。

特許のように産業知的財産権と呼ばれているものは、基本的に登録という行為があるわけで、登録の必要がない著作権は産業知的財産権の外にあるということです。著作権には登録という制度がないために独占的排他権を与えるということが、不明確になってしまうのです。つくったらすべて権利になってしまうが、だれの作品なのかということがどこかにいけばすぐわかるようにはなっていません。ですから当然、権利侵害を起こしやすくなるわけです。アメリカには著作権にも著作権登録制度があります。＊11 自分の著作物を議会図書館（Library of Congress）に2部提供し、議会図書館で管理されるというシステムです。登録の時点で登録料を支払う必要がありますが、いつの時点で書かれたものかということが管理されているので、裁判の場合の立証に有利です。

また、特許の活用方法の一つに「パテントプール」という方法があります。有償で知的財産権を利用するという前提ですが、特許をもっている企業が自分たちの特許（パテント）を出し合い、プールします。そしてどこかがその特許（パテント）を製品等に使用する場合は、ライセンス料としてパテントプール

＊8 産業著作権

著作権を2階建て構造にして、1階はこれまでの自然発生的著作権にして、2階に登録制著作権のような仕組みをつくり特許と同じように登録・許諾・活用という仕組みの中で経済の動きの中に位置づけるというような考え方。

＊9 コンテンツ専門調査会

知的財産戦略本部令（平成15年政令第45号）第2条の規定に基づき、知的財産の創造、保護及び活用に関する推進計画において、コンテンツビジネス振興に係る課題に関する調査・検討を行う内閣官房知的財産戦略本部の専門調査会。

に供出します。その供出金をライセンスをもっている企業で分け合うという仕組みです。ライセンスを受ける企業がパテントプールへお金を払って、ライセンスをもっている人がそのお金をシェアするという形になっています。

ただし、独占禁止法に関わる問題が派生する可能性があるため、このパテントプールの方法には、妥当でありかつ非差別的であるという意味のRAND（Reasonable and Non-Discriminatory）条件が義務づけられています。アクセスフリーであり、ライセンスを受けたいという企業が、合理的な値段を支払う場合には必ず提供しなくてはなりません。

●フェアユース、クリエイティブコモンズ

知財を公共財としてだれでもが使えるようにしましょうというのが、フェアユースの考え方です。基本的には、アメリカの法律の考え方です。

新たな発明などは、論文として発表された後6ヶ月以内に特許に出願しないと公知の事実ということになり、公共財になるという基本的なルールがあります。これは特許法にも定められていることです。ですから、論文と特許の間にはつねに公開のタイミングが問題になってくるのです。とくに大学と企業が産学連携で共同研究を行った場合、大学の先生は論文にしたい、企業側は特許にしたいという、それぞれの希望が強く出てくると問題が起こる可能性があるということです。

アメリカでは、著作権法にもこのフェアユースという規定があります。著作権法ではとくに文化の発展と著作権者の利益のバランスの観点から、利益を侵害しない程度に著作権者の許諾なしに無料で利用していい、非営利目的の利用や教育目的利用、私的な利用などがあります。日本の著作権法ではフェアユースのような一般規定ではなく、具体的に個別に列挙されています。

著作権の場合には、「クリエイティブコモンズ」という仕組みが生まれています。この考え方に賛同する人たちがコミュニティーをつくり拡大しているということですが、このコミュニティーに登録をした著作物については、いくつかの条件の下であれば作者に許可を得ずに利用してもよいということになっています。ワークショップという一つの大きなカテゴリーの中で知財を守り活用する方法としては、こういう手法もあるかもしれません。しかしながら、ある種の登録制度のようなものがないと運用は難しいでしょう。

ワークショップ活動で生まれるものと権利の対象

ワークショップの結果として創造された作品についての著作権ははっきりしていますよね。児童一人ずつの作品であれば一人ずつが著作者になるわけですし、アーティストと児童が一緒につくった場合には共同著作物として考えればいいわけです。ただ、この共同著作物については、作品の管理や活用をどうしていくかによって、事前に契約書で作品の管理者等を決めておいたほうがいい場合が多いと思います。

問題は、結果としての創作物ではなく、プログラム構成、アイデアや企画の

*10 **先使用権**

特許法は先願主義を採用しているため、先に発明をしたとしても出願をしなければ特許を受けることはできない。仮に第三者が先に出願し特許を取得した場合、先に発明した者がそれを実施した場合は、特許権の侵害となり、それを実施できなくなる。このように当該発明の実施ができなくなると、実施のための投資が無駄になる不利益が生じる可能性がある。そこで、法は他人の出願から当該発明の実施である事業をしている者またはその事業の準備をしている者に一定の範囲で実施権を付与した。（特許法第79条）

*11 **著作権登録制度**

著作権登録は、著作物の保護要件ではない。しかし、著作権登録証に登録された事項および著作権の有効性について裁判上一応の証拠になり、これについて法律上の推定を受けることができる。

部分がどうなるのかということですよね。そもそも著作権は登録制ではないので、その範囲を規定するのは難しいのですが、いずれにしろ、何かの形、印刷物でも映像でもいいのですがそういう形として残されない限りは、確定できないということは言えます。アイデアであっても企画であっても何かの形があって、みんながわかるものになっていなければならない。つまりアイデアに過ぎないものを権利侵害だと突然言われても、言われたほうが困ってしまうということなのです。

しかしながら、ワークショップの企画書やワークショップ運営マニュアル、実施記録といったものを印刷物としてきちんと残しておいたとしても、だれかがまったく同じワークショップを実施したからといって、権利侵害を主張するのはかなり難しいと思います。これらの企画書やマニュアルをそっくりそのままコピーして使ったとか、何分の一以上は同じ内容である、といった場合にはその印刷物に対する著作権侵害とはなるのですが、アイデアを流用したということは権利侵害にはならないのです。

みなさんのお話から、ワークショップ活動の一番肝心なところは、最終的にでき上がった作品ではなく、どのようなワークショップにしようかとアイデアを出し企画にまとめ、実際の運営の構成を考えていくという部分にあるということはわかりました。肝心なところであるからこそ、その発案者の権利を守りたいということもわかりました。また、アイデアの部分がまねされたり盗まれたりするということで、心許なさを感じたり、経済的な見返りを得にくいということも理解できます。それは、最初に申し上げた知財立国として進めていくべき「知的創造サイクル」を考えた場合、保護と活用が上手くつながって機能していないということを意味していると思います。

しかしながら、法律の仕組みの中でそれを解決していくことは、大変難しいのが現状です。ですから、自分たちでどこをどう守りたいのか、何をどのように活用したいのかというところを明確にし、契約書や記録に明示してきちんと残していくということを、自分たち自身でしていかなくてはならないのです。そうすれば「知的創造サイクル」にのせていくことができるのではないでしょうか。

ワークショップコミュニティーの可能性

これまでのお話しの中で何度か「ワークショップコミュニティー」のようなものをつくって、そこで保護や活用のルールを決めていったらいいのではないか、ということが話題になっていたかと思います。

コミュニティーをつくり上げて、みんなで良いワークショップやキットをつくっていこう、権利侵害をせずにお互いの権利を尊重しあいながら進めていこうと、そういう運動をしていくということは一つの方法かもしれませんね。まずはコミュニティーをつくってみて、その中でお互いに権利を守り合う、アウトサイダーに対してしっかりとしたライセンスを付与すると進んでいくといいのでしょう。一種のパテントプールのように運用し、正当な価格を出す人であれば差別はしません、お金さえ出せば良質のワークショッププログラムを提供します。というような仕組みをみんなでつくり上げ、アウトサイダーに、良いワークショップを適正なお金を払って実施するのだという意識をもってもらえるようになれば、新しいルールになっていくかもしれませんね。

また、フリーランスや少人数でワークショップを実施している場合、なかなか広く「わたしがこのワークショップを開催しました。実施したい方はご連絡下さい」というようなことを告知できません。そうこうしている間に別の大きな団体にまねされてそこのオリジナルのように公表されてしまった。というようなこともあるかと思いますが、そういう人たちに公知にする場としてコミュニティーを提供するという活用の方法もあるかもしれません。

そしてこのようなコミュニティーができるとすれば、同じような分野の人に向けて知財についての普及啓蒙活動をしていくとか、契約書というものがどんどん重要になっていくということであるなら、契約書のひな形のようなものをまとめていくようなこともできるし、コミュニティーとしてパブリックコメントを出していくということも大きな力になっていくのではないでしょうか。

しかしながら、どこにもない新しいルールをつくっていくには多くの課題もあると思います。まずは、このコミュニティーのルールは民間ルールであるということです。要するにジェントルマン・アグリーメントであり、アウトサイダーに対して独占的排他権を行使することができないということが考えられます。コミュニティーの中では、良好にルールが守られていたとしても外部の人がそのアイデアを盗んだらどうするのか、対抗要件が何もないということですよね。その対応策としては、個人では難しいかもしれない権利保護の方法をコミュニティーとして実施していくということも、可能性の一つかもしれません。コミュニティーとしての共同著作物としていくとか、記録を残しておくとか、外に対して権利侵害だと言えるような対抗要件を整えていくということです。

このコミュニティーをパテントプールのように考えた場合には、そこにワークショップの内容を登録したときに、果たしてそれが登録者のオリジナルなのかということを、だれが認定するのかという難しさが生まれてくると思います。本当にオリジナルなのか、だれかの何とかのワークショップにそっくりじゃないかということが出てきたらどうするのか。その判断はかなり難しいと感じます。コミュニティーがきちんと外にも向かっていけるようにするには、他のだれかの権利を侵害していませんということを、しっかりと担保しておく必要があるでしょうね。そういう点を曖昧にしていると、外の人が安心してコミットできない、安心してそこのワークショップにお金を払えないということになってしまいます。前述した、特許の先使用権のお話も、特許という登録に対して対抗するものであり、だれが本当の権利者であるか、創造した者であるかについてコミュニティーで管理をしていく必要性があると思います。もしワークショップコミュニティーがワークショップに関する権利管理団体のような役割を担うとするなら、つねにそういう真贋みたいなものをチェックするシステムをつくっておく必要があると思います。

パテントプールのようなシステムを考えた場合、基本的には非差別的でアクセスフリーであるという点も担保される必要があります。パテントプールは有償を前提としていますから、みなさんから提供された著作権から得られた収益があった場合、その得られたものをお互いにどう分け合うのかというルールも決めておくことが大事だと思います。

一方、無償の提供を前提としているクリエイティブ・コモンズのようなシステムの場合は、外から見た人が、個々の著作物についてどういう取扱をする必要があるのかをきちんとわかるようにしておく必要があります。CCマークがついているだけのものとか、CCマークがついていても許諾が必要なものとか、勝手につかっていいものとかさまざまなケースがあると思いますので。

検討すべき点はまだまだ数多くあると思いますが、ワークショップという、ある限られた枠組みの中で、これまでにないまったく新しいルールづくりを試行錯誤しながらすすめていくということも、知財立国を支える一つの力になるかもしれませんので期待しています。

知財に対する認識と教育の必要性

若いアーティストやフリーランスで活動をしている人たちが、いい企画を実施していたり、面白いコンテンツを制作していると、知らぬ間に彼らの知財が利用されていたり、ちょっと財力があるところが取っていってしまう、というようなことは、ワークショップに限らず起こっているということはありますね。契約をきちんと交わすとか商標登録をしておくというようなことにまで手が回らないというのが実状なのでしょう。もしくはそういうことすら知らない、ということなのかもしれません。特許の世界でも、ベンチャー・中小企業と大企間の権利侵害などの問題は日々生じています。

しかしこれらは、知財を侵害される方の認識にも大きな問題があるのです。自分の創作物やアイデアを知財として守りたいなら、守る方法を学び、交渉する方法を身につけることも、大事なことなのです。

好きだから、楽しいからやっている。それだけでは大事な権利を守ることはできないのです。ちゃんと文章にして契約を交わすとか、場合によっては弁護士さんにも見てもらうとか。とくにワークショップのノウハウやプログラムのようなものは、著作権として守ることは難しいと重ねて申し上げているわけで、それを守りたいのであれば、きちんと契約で補完する必要があります。

その意味で、若いクリエーターの方々にちゃんとした知財の教育をしなくてはならないということは、我々も考えています。小さいときから知財は大事だという意識を高めていくことと、知財の法律のシステムについて教育していくことを併行して進めていかなくてはならないと思っています。小学校くらいからしっかり勉強することも必要でしょう。大学の芸術関係の学部にも知財のコースをつくっていく必要があります。法律を専門にしない理工学部、芸術学部の学生に対しても知的財産権の授業を行う大学が増えています。

10

第十章

研究会からのメッセージ——わたしたちにできることから一歩ずつ

橋本知子

研究会発足の背景

ワークショップ。いまではミュージアムや児童館、自然教室、学校そして企業の会議の場などさまざまなところで行われるようになってきています。それだけ多くの方々がかかわり、日々新しいプログラムを開発し実践しているということです。そこには、仕事としてかかわる方、ボランティアとしてかかわる方をはじめ、アーティスト、企業人、研究者、先生、大学生から小学生に至るまでじつに幅広い層の方々がいます。

これまでは比較的公共施設や公共の団体などによる実施が多かったのですが、近年、企業活動の評価において社会貢献やＣＳＲへの取り組みが重視されるようになってきたことにともない、さまざまな企業が自社の特色を生かしたワークショップを生みだし実施している例も多くなってきています。

また、自らワークショップ活動をしていきたいという若い人たちがどんどん増えてきています。自分の成長過程の中でワークショップがあたりまえに存在していた世代が、自分たちでワークショップを企画し実践していきたいと積極的に活動する年代になってきたのです。

このように「参加したい」という以上に「企画実施したい」という人が増えている背景には、ワークショップの開催をとおして、参加者はもちろんのこと、企画者や実施者も多くの刺激を受け多くを学んでいることがわかってきたということがあるようです。なぜならワークショップは、参加者のためだけにあるものではなく、かかわった人すべてに得るもののある魅力的な活動だからです。学生のときにワークショップのファシリテーターを経験したり、授業でワークショップのことを学ぶなかで、彼らの意識がより積極的な参加へとシフトしてきたのではないでしょうか。

そういうワークショップの次世代を担う人たちに向けて、何か良いアドバイスはないだろうか。彼らが少しでも息長く、快適な環境の下に活動ができるよう整備をしていくには何が必要なのだろうか。ワークショップの四半世紀をがむしゃらに突き進んできたメンバーが、今やらなければならないことの一つとしてあげたのが、研究会のテーマである「ワークショップの知的財産について」だったのです。

それは、自分たちの世代がやり残してきたことへの反省でもありました。とにかく、良いもの新しいものを提供することを目的に進んできたのですが、ふと後ろを振り返ったとき、いままでコツコツと積み上げてきた大切な知的財産である企画やアイデア、ノウハウやプログラム、キットやツールなどを、無防備なまま放置していたことに気づいたのでした。

時を同じくして、日本は国家政策として「知財立国」を打ち出し、コンテンツ促進法などで、ソフト分野の知財を育てていこうという方向に進み始めました。しかしながら、そこでもワークショップの要であるアイデアやノウハウやプログラムなどは、まだまだ法として守られる範囲には含まれていません。

欧米やアジア各地ではアニメやゲームといった日本のソフトコンテンツが評価され、大変多く受け入れられています。これからはその中の一つに、「ワークショップのプログラム」も含まれてくるようになるのではないかと感じています。それほどに日本の中で生まれたワークショッププログラムには品質の高いものが数多く見受けられるということなのです。

良いワークショップだからこそ、国内外にかかわらず、胸を張って自分の知財であるということを表明し、必要に応じて共同での企画立案や名前の掲載、費用配分などが成されるようにしておく必要があると考えました。

いままでほとんど省みることのなかったワークショップの知的財産について検討しなければならない、そんな思いから研究会はスタートしました。

研究会を通して

まずは、研究会メンバーからの報告をベースに、これまで実施してきたワークショップの中に知財に関連してどのような課題があったのかを検討しました。さまざまな立場の方に参画していただいたことで、一方向から見ていただけではわからない、いろいろな状況や条件の下での課題を知ることができました。また、法律の世界での知財の扱いはどうなっているのかを初歩から学び、その上でワークショップの現状に照らして、どのような解決策や対抗策があるのかを議論してきました。その中で得られた知見としては、現行の法律のしくみの中では、契約書による明示が一番の解決策であるということと、それ以上にいま必要とされているのは、当事者が知財に対する意識をもつことであるということがあげられます。

この本をとおして、まずは、ワークショップ活動を行っている人、そしてこれから始めたいと思っている多くの人に、基本的な知的財産権について知っていただき、自分の作り上げたワークショップを大切にするためにはどうしたらよいのか、という意識をもっていただくことが大事だと思っています。

誰もが気持ちよくワークショップにかかわれるように

ワークショップは準備が8割（もしくはそれ以上）と、経験者の中ではいわれることが多いものです。単に時間だけで考えれば、8割どころか、実際のワークショップ開催時間の何十倍もの時間や労力を準備に費やします。それだけ丹精こめて練り上げたプログラムは、まさしく「”知“と汗の結晶」であるわけです。にもかかわらず、それを自分自身の知的財産として権利を主張することができないというのは、企画開発者にとってはなんともやりきれないというのが実状でしょう。また違う立場で考えると、共同で作り上げた参加者も、自分たちの貢献度はどのように測られるのだろうという思いをもつかもしれません。

ワークショップが現在ほど広く開催されていなかったころには、日本中でだいたいあの人があそこであんなことをやっていた、だれそれはこんなことをやっているというように、ワークショップに関する情報も手の届く範囲にありましたし、それぞれの責任と良識において実施されてきたのではないかと思います。ゆるやかなコミュニティーが成立していて、暗黙のルールが守られていたのかもしれません。そういったことの積み重ねが、ワークショップ活動の底上げと広がりを生んできたのだと思います。

しかしながら昨今のワークショップの急激な広がりとともに、このような「あたりまえ」が通用しなくなってきています。たとえば「自分が考え出したワークショップだったのに」とか「一言ことわってくれればよかったのに」というように、ちょっと悲しい思いをする人も増えてきているのではないでしょうか。

法律に守られなくても、契約書に記載しなくても、お互いがお互いを尊重しながら、気持ちよくワークショップの輪を広げていくことができれば一番いいことなのだと思います。研究会の中でも何度もいわれてきましたが、ワークショップの中でもっとも重要なアイデアやノウハウは法律で守ることはできないのです。それを守ろうとするならモラルに頼らざるを得ません。しかし、どうしてもそれだけでは対応しきれない部分があるのなら、やはりルールは必要になってくるのだと思います。

理科実験や科学ワークショップの場合は、自然の原理や事象を伝えるためのワークショッププログラムを実施することが多いので、どうしても似たような内容になりがちです。そのため、平成4年（1992年）から毎年開催され全国各地で好評を博している「青少年のための科学の祭典」の実験解説集では、「もっと詳しく知るために」という項目を設け、出典や参考にした事例を掲載するようになっています。

ワークショップという活動がどのくらいの範囲を網羅するものなのかも不確定な状況ではありますが、この青少年のための科学の祭典の事例のように、参考にしたものや先行事例などを記録しておくことをルール化していくことも、必要なことの一つかもしれません。

ワークショップにかかわることが職業として成立することを目指して

ワークショップの知財を考えるということは、知的財産を守ることだけを意味しているわけではありません。

一番重要なのは、ワークショッププログラムのよりよい活用のあり方を示していくということです。尊重するという意味では、参考にしたワークショップについて企画者に連絡をする、チラシ等に記載するというような方法もあるでしょう。しかしながら、第一には、ワークショップという知財を生み出し活用することが、経済的な保障になるという社会の仕組みを成り立たせることが大切なのです。研究会の中で「知的創造サイクル」についての紹介がありました。「知的創造」と「保護」と「活用」がうまく円を描くことによって、そこに経済的な価値を見いだしていくという考え方です。ワークショップの知財に関していえば、「知的創造」の部分はずいぶんと充実していると思いますが、「保護」や「活用」がうまく機能しているとは決していえません。ワークショップに対する経済的な価値が正当に評価されていないということも多々あります。

最近は「ワークショップを職業としたい」という若い人たちに多く出会います。しかし、彼らがそれを職業とした場合、経済的にどの程度保障されるのかはたいへん難しいのが現状です。この原因の一つに、ワークショップにおける「知的創造サイクル」がうまく機能していないことがあると思います。絞り出すようにして企画したワークショップのアイデアやノウハウを、自身の財産として保護し活用していくしくみがあいまいであるという点が大きな問題なのです。

自分の知と努力の結晶であるワークショップの知財が、財産として保護され、活用されることによって経済的に評価され、次の知的創造につなげるための費用を生むというしくみがうまく機能するようになれば、今以上に多くの人々が、夢と希望をもってワークショップ活動を行えるようになると思います。

ワークショップにかかわることが職業の一つとして位置づけば、各人のモチベーションが向上するだけでなく、ワークショップ全体の質も向上していくでしょう。そのためにも、ワークショップの知財を守り、活用していくしくみを考えなければなりません。

その先の一歩に向けて

研究会の一つの成果として、ワークショップにおける知財の「保護」や「活用」を、うまく進めていくためのヒントを提示することはできたかと思います。それでもなお、個人の力でこのヒントを日常的に活用していくのは難しいと思われる方もおられるでしょう。もし、多くの方がこの本の内容に共感してくださるなら、わたしたちは、まずローカルルールを作り、そしてそのローカルルールを活用するコミュニティーを作るというように、すこしずつ先の一歩に向けた活動を続けて行きたいと思っています。

「知的創造サイクル」の中心に「質」という縦軸をおき、そのサイクルが螺旋を描きながら上向きに拡がり発展していくような「ワークショップの知的創造サイクル」ができていくことを願っています。

おわりに

大月ヒロ子

さまざまなワークショップの現場や知財研究の場で活躍される方々に声をかけて「ワークショップ知財研究会」を立ち上げたのは２００６年１月のことでした。その後、月１回のペースで持ち回りの発表をしながら、ワークショップにおける知財の問題を話し合ってきました。

忙しいメンバーが平日の仕事を終えた後、外苑前にある会議室に集まり遅くまで話し合うことができ、その成果を出版という形でまとめられたのも、社会貢献事業としてこの研究会を全面的にバックアップしてくださった株式会社ＣＳＫホールディングスの田村拓氏、北川美宏氏、石川敬子氏、浅野正樹氏のおかげです。とくに田村氏のスピーディーな決断は、研究会をスムーズに運営する原動力となりました。ありがとうございました。

ゲストとして知財の話を大変わかりやすく見事に語られた弁護士福井健策氏にもお礼申し上げます。ワークショップに精通された法律家のお話は、研究会の進むべき道をさりげなく示してくださったと感謝しております。

頼りにならない半人前の座長を引っ張っていってくれた研究会のメンバー（アーティストはもとより学校関係者や地域の人々との厚き信頼の上で良質な事業を行う堤康彦氏、ユニークな仕事が魅力の超多忙アーティストであるにもかかわらず九州から参加してくださった藤浩志氏、美術館での緻密な実践で絶大な信頼を得ている寺島洋子氏、全国の数知れないこどもたちに永年にわたって遊びと学びを送り続けている下村一氏、内閣官房で新時代の知財政策に取り組まれている杉田定大氏、柔らかな感性をもつ法律の世界の若き研究者井上理穂子氏）に感謝します。また、教育問題に大きく焦点の当たった年に公務の合間を縫って参加いただいたオブザーバー貝ノ瀬滋氏、ありがとうございました。まったく違ったフィールドで活動するメンバーの永年の経験から出てくるリアルな話を聞けば聞くほど、ワークショップと知財の関係は奥深く、そして難しい問題を数多くはらんでいることもわかりました。

スケジュール調整の大変だった研究会の事務局を見事に仕切った頼りになるパートナー、文化総合研究所の橋本知子氏にも感謝いたします。お疲れさまでした。

本の編集・出版に際しては株式会社アム・プロモーションの山下治子氏、針生睦美氏に多大なご協力をいただきました。山下氏が、この出版の意義をくみ取ってくださったことに励まされました。

また、これまでワークショップについて著された多くの書籍の著者の方々にもお礼申し上げたいと思います。みなさまの論理の蓄積と広い視野をお借りすることによって、自分たちのワークショップや立ち位置を客観的に見つめ直すことができました。

最後になりましたが、現在ワークショップの現場で奮闘されている多くのみなさまに感謝申し上げたいと思います。みなさまの真摯な取り組みこそが、この研究会の生まれるきっかけとなりました。良いワークショップのためにわたしたちができることは何だろう？　という思いのもとにメンバーは集まりました。わたしたちは今後も皆様が気持ちよくステキなワークショップを継続されること、またそれに魅力を感じた人々が敬意を払いながらそれらを自由に活用できる良い循環が生まれることを願っています。

本書がそのささやかな一助になれば幸いです。

（ワークショップ知財研究会　座長）

資料編

ワークショップにおける知的財産の保護と活用のために

浅野　正樹

知的財産権とは、人間の知的創作活動から創作された無体の財産権の総称をいい、下記の図に示すように創作の促進による産業・文化の発展を法目的にした権利（特許権、実用新案権、意匠権、著作権など）と、業務上の信用維持による産業の発達と需要者の利益の保護を目的とした権利（商標権など）とがあります。

それぞれの権利には各法律により保護対象が規定されており、保護対象に該当するものは、その法律に基づいて保護されるようになっています。

※下記以外にも種苗法、半導体集積回路の配置権などもありますが、ワークショップ活動に関係があるもののみを挙げています。

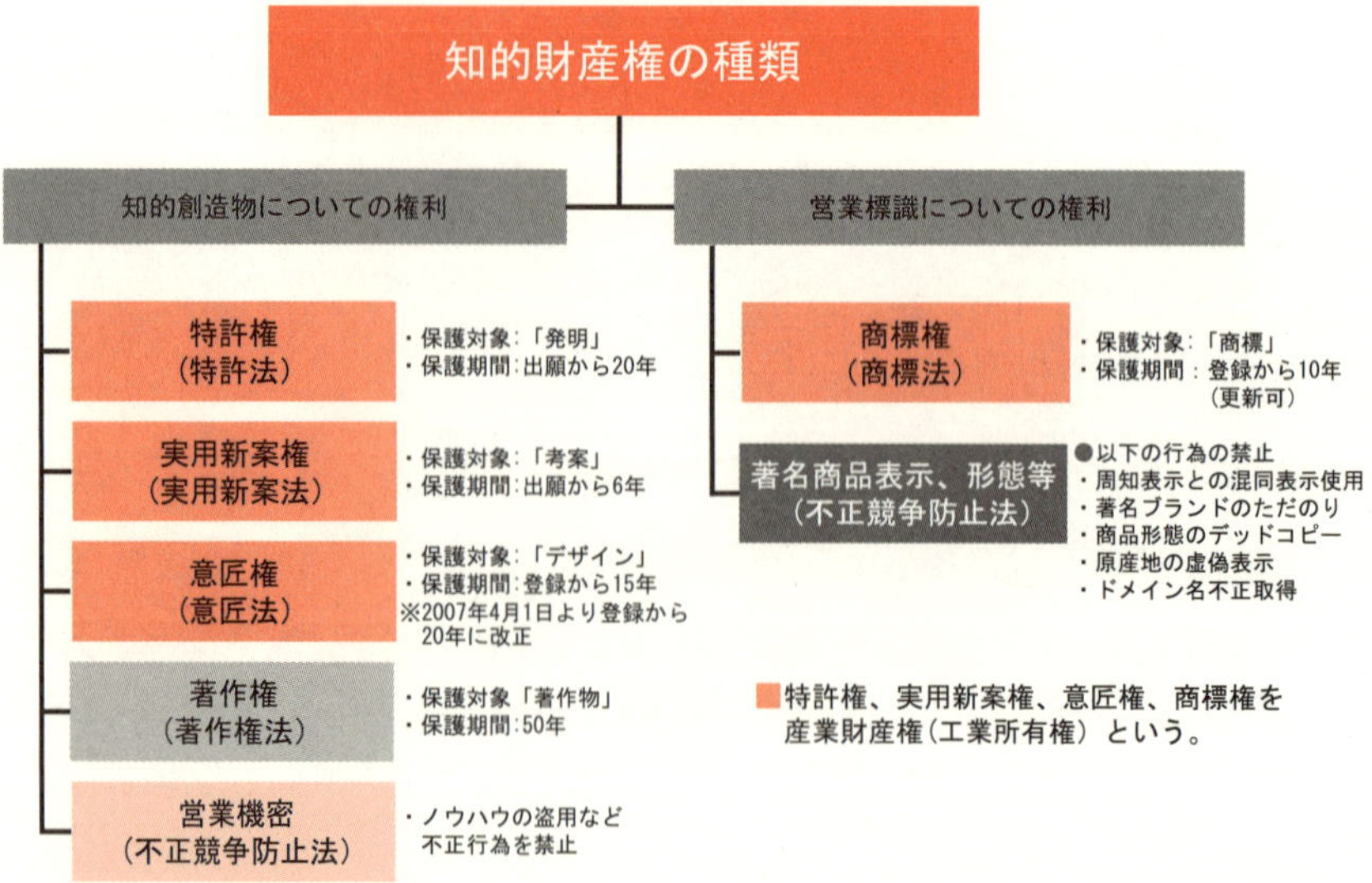

1．産業財産権（工業所有権）

前頁の図に示す知的財産権の内、「特許権、実用新案権、意匠権、商標権」を総称して産業財産権といいます。産業財産権は特許庁が所管しており、各権利を取得したいときは、特許庁への出願（申請）が必要です。出願されたものは、特許庁において審査（各法律に基づき権利を与えてよいものか否かを判断）され、審査をパスしたもののみが権利を取得できます。

①特許権

保護対象は発明ですが、特許法において「発明とは、自然法則を利用した技術的思想の創作のうち、高度のものをいう」と定義されています。分かりやすくいうと「発明とは技術的なアイデアであり、無形のもの」となります。

例えば、携帯電話機や液晶テレビを発明しても、携帯電話機や液晶テレビ自体（有体物）を発明というのではなく、携帯電話機や液晶テレビの中で利用されている技術的アイデア（無体物）を発明といいます。

また、発明の定義の中に「自然法則の利用」とありますが、自然法則とは、リンゴが木から落ちるのような、自然界において経験的に見出される科学的法則をいいますので、計算方法のような知能活動によって作られた法則やゲームのルールなど、人為的な取決めについては、特許法にいう発明に該当しないので保護対象にはなりません。

２０００年前後に「ビジネスモデル特許」というものがブームになり、「ビジネスモデル」自体が発明であると勘違いした方も多かったと思いますが、ビジネスモデル自体も人為的な取決めに過ぎず、日本の特許法においては発明には該当しません。ビジネスモデル自体を実現（システム化、プログラム化）するために、利用するＩＴ技術のアイデア部分が発明となります。

②実用新案権

物品の形状、構造または組合せに係る考案について、その保護と利用を図る実用新案の保護対象は、特許の保護対象である「発明」に対して「小発明」と解されています。

考案の定義は特許法における発明の定義とほぼ同様で、「考案とは、自然法則を利用した技術的思想の創作をいう」となっています。定義上は高度か否かの違いですが、特許との区別をするためのもので、実務上、高度か否かを判断するものではありません。

保護対象が、「物品の形状、構造またはその組合せ」に限定されており、製造方法やプログラムなどを保護対象としている特許とは異なります。

なお、実用新案は早期権利化の観点から形式的な審査のみを行う無審査主義を採用しています。

③意匠権

量産が可能な物品のデザインである意匠が保護対象であり、「意匠とは物品の形状、模様若しくは色彩又はこれらの結合であって、視覚を通じて美観を起こさせるものをいう」と意匠法には定義されています。

意匠権の保護対象は電化製品、自動車など量産可能な工業製品に関するデザインであり、歴史的な建造物や彫刻など美術デザインは意匠権では保護されず、美術の著作物として著作権で保護されます。

④商標権

商品やサービスに関するマーク（標章）であり、「文字、図形、記号、立体的形状やその結合、またはこれらと色彩との結合」が商標権の保護対象となっています。

特許法・実用新案法・意匠法が権利の保護と創作の促進を図り産業の発達に寄与することを法目的にしているのに対し、商標法は、「業務上の信用の維持を図って産業の発達に寄与する」という他に「需要者の利益を保護する」ことを法目的としている点が、他の産業財産権と大きく異なる点です。

2. その他の知的財産権

産業財産権以外のものでワークショップ活動と関係すると考えられるのは、著作権と不正競争防止法です。これらは産業財産権とは異なり権利化のために国に対して出願する必要がなく、創作の完成や著名性とともに自然的に発生する権利です。著作権は本文の中で詳しく紹介されていますので割愛し、ここでは、不正競争防止法について説明します。

不正競争防止法

著名表示冒用行為、商品形態模倣行為や営業機密に関する不正行為など、取引上の競合関係における不正な競争を防止するものであり、事業者間の公正な競争及び営業上の利益の確保を図り、経済の健全な発展を法目的としています。

営業機密やノウハウなどのように産業財産権や著作権だけでは保護できない知的財産権を保護するためのものであるとも言われており、ここ数年も頻繁に改正が行われ、保護対象を広げています。

3. ワークショップで創作される知的財産

ワークショップ活動においても様々な知的創作活動が行われている訳ですから、その創作物が知的財産権の保護対象に該当するものであれば、当然それぞれの法律に基づいて権利を保護されることになります。

ワークショップ活動の中で創作されるものの中に著作物があることは、本文の中で説明していますが、その他にどのようなものが創作されどの法律で保護される可能性があるのでしょうか。いくつか例を挙げてみました。

① 発明（アイデア）

ワークショップにおいて使用するツールや道具（主催者）

ワークショップの中で創作されたもの（参加者）

（例）特許第３７４９８５３号「尻取りゲーム具」

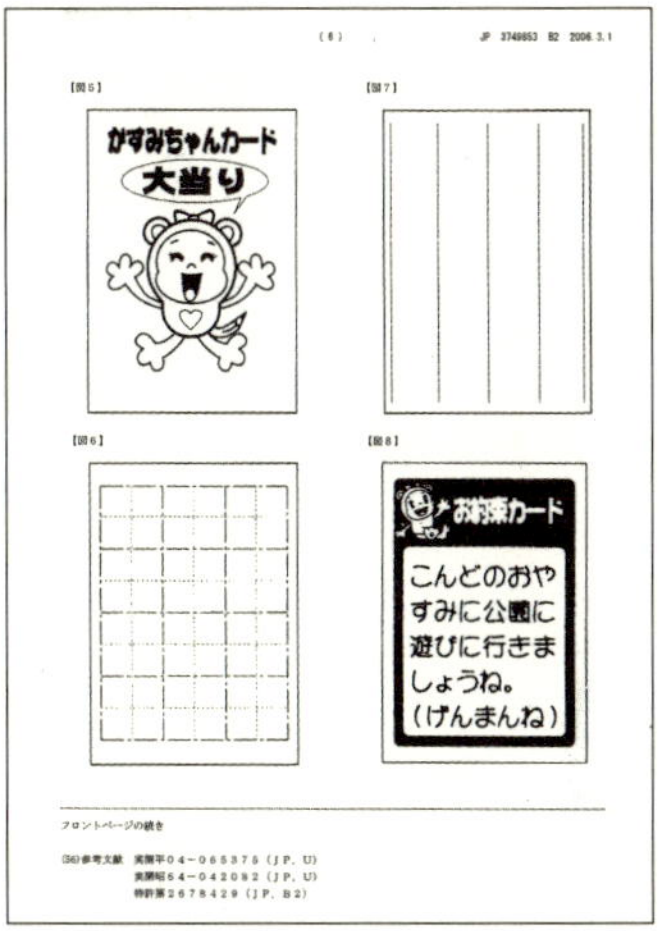

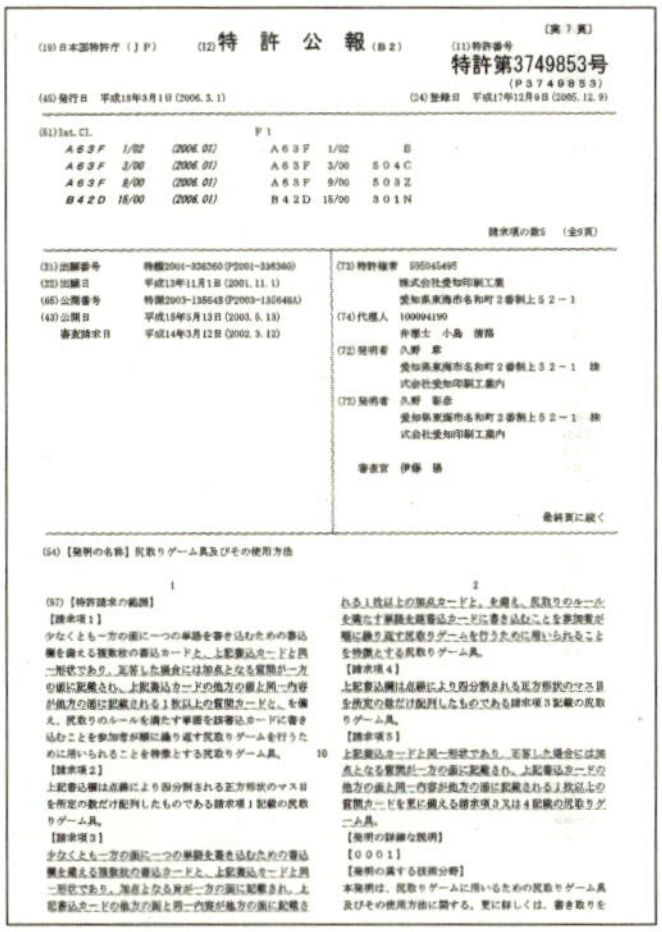

② ブランド（名称）

ワークショップの企画、開催を行うサービスの名称

（例）登録商標４６０９０７５号

③ ノウハウ

ワークショップを企画、開催するためのノウハウ、ワークショップの進行ノウハウなど

4．ワークショップにおける知的財産権の保護と利用

ワークショップにおいて創作される知的財産も企業内において製品・商品開発において創作される知的財産もなんら変わりない創作物であり、その保護も同様に受けられることになります。しかし、企業が整備された法務対応の下、権利保護と利益獲得のために知的財産権という権利を得て、場合によっては、

第三者からライセンス料を得たり、第三者の利用を差止めたり、損害賠償を請求したりするのとは異なり、ワークショップの場合は、個人や団体、企業など様々な人が輻輳的に係わったり、契約関係が未整備であったり、無償有償が入り交じっていたりということが多く、企業が一般的に行う保護と利用とは異なってくると思います。

①知的財産権を取得するとは

企業のように利益獲得を目的とする知的財産権の利用方法は、権利を取得できて初めてできることです。権利者はその権利を第三者に対して行使するか否かを決める権利を持っています。すなわち、権利者は、第三者からライセンス料を得たり、第三者の実施や使用を差止めたり、損害賠償を請求したりという権利行使をするか否かを選択できるということです。

知的財産権の話題というと、昨今のニュースでは金額だけが大きく取り上げられていることもあり、権利を持つことや権利を行使することが単なる金儲けのように思われる方もいるかと思いますが、自らが努力して創作した財産（目に見えない無体財産）を利用することは、権利者として当たり前のことではないでしょうか。

知的財産権を取得するとは、権利を行使するか否かを自ら選択できる権利を得ると考えてはいかがでしょうか。

②どの知的財産権で保護するか

一言で知的財産権と言っても先に挙げたとおり、様々な権利が存在します。まず、自ら創作したものは何で、その中で権利化したい、或いは保護したいものは何なのかを明確にすること、そしてそれが、先に挙げたどの知的財産権に該当するのか、権利として法的に保護されるものなのかを確認することが大切だと考えます。

特に特許・実用新案・意匠・商標の産業財産権には、権利化されるための要件があり、たとえ保護対象であっても、それらの要件を満たさないと権利化されない事もあります。

どのような権利があり、どのような法律に基づいて保護されるのかを知っておくことも権利を保護するうえでは重要なことであると思います。

単に知的財産権の保護という観点からは、上記のような点を考慮することも大切ではありますが、ワークショップ活動においては、権利に合わせて保護対象を創作するのではなく、その活動で創作されたものをどのように保護できるかを知的財産権というものを理解しながら考えることが第一歩でないかと思います。

③契約書の重要性

ワークショップ活動で創作された知的財産権が保護されても、独占権を行使したり、お互いが保有する権利を相互に利用し合う（クロスライセンス）企業とは異なり、ワークショップ活動における知的財産権の利用の場合、一定の条件のもとで広く利用してもらいたいと考えていらっしゃる方も多いようです。その場合、当事者双方にとって重要になってくるのが契約の締結です。

知的財産は無体財産といわれる目に見えない権利ですので、家や自転車のように鍵をかけて保護することは出来ません。悪意の有無に関係なく、第三者に勝手に利用されないように無体財産に鍵をかける方法として、契約を締結するということも是非考えてみてください。

契約締結の手段として契約書へ当事者がサインを行うということが一般的に行われますが、契約書による締結の意義・役割として考えられるのは、次の4点です。

- **合意内容を確認する**
- **法律の原則的ルールを法律が許容する範囲内で当事者の要望に沿うように修正する**
- **予測される揉め事や紛争に関する処理規範（リスクマネジメント）とする**
- **紛争時に裁判所に提出する証拠書類とする**

契約は当事者双方が了承した内容であれば、書面でなく口頭であっても契約が成立したものとされますが、前記の意義・役割を考慮すれば、書面により締結することが望ましいことは言うまでもありません。

それでは契約書を締結する際に考えなければいけないこと、注意しなければいけないことは、どのような点でしょうか。

契約書には法律用語や専門用語が多く、法律家や企業法務の担当でないと理解できないし、契約書を作成することも出来ないと思われる方も多いかもしれませんが、契約書の意義・役割の基本的なポイントは上記の4点ですので、これらのポイントを抑えることが重要であり、難しい言葉や専門用語を使う必要はありません。

合意内容や当事者の要望に沿うための修正点について当事者間で誤解が生じない内容にすることと、当事者以外の第三者が読んでも理解できる言葉や用語を使用することが、重要ではないかと思います。

とはいえ、契約書を作成するにはどんな項目を入れれば良いのか分からないことも多いかと思いますので、次頁以降に契約書作成のポイントをまとめましたので、参考にしてみてください。

ワークショップ活動に限らず、知的財産権を生かすのはその保護と利用のバランスであると考えます。そのためには、保護（どの権利で保護するか）と利用（契約）の方法を知り、理解することが当事者には必要となってきます。

契約書作成のポイント

契約の成立と表題

契約は当事者双方の意思が合致したときに成立しますので、契約締結にあたり、必ずしも「書面（＝契約書）」の作成は必要ではありませんが、当事者同士が合意内容を確認しあい、揉め事が発生しないようにするためにも、書面による契約をお勧めします。

契約書の表題についても特に取決めはなく、当事者の合意がどのような内容に基づき為されたものかという実態を元に契約の性質が判断されることになりますので、契約書の表題が「契約書」「合意書」「覚書」などのいずれであっても、契約の性質に影響はありません。

言葉・用語について

形式的な用語や専門的な用語は特に必要ありません。下記の点について注意が必要です。

▼業界、業種など、特定のなかでのみ日常的に使用されている言葉・用語を使用しない

（例）ソフトウエア

⇒コンピュータプログラムを指すと考えられるが、具体的に何を指すか不明

▼契約当事者以外の第三者が読んでも理解できる言葉・用語を使用する

（例）著作権など

⇒「など」とは何を指し、著作権以外に何が含まれるのか不明

▼ひとつの概念について言葉や用語は統一させる

（例）ある箇所では「対象特許」とし、別の箇所では「本件特許」「本件発明」とする

⇒解釈の混乱を招く可能性がある

▼必要に応じて用語を定義する規定を設け、一貫して使用する
（例）使用権の定義
⇒第○条　使用権とは、商標法第31条に規定する通常使用権をいうものとします。

契約書への署名・捺印について

契約書を締結する際に、当事者双方が契約書に氏名を記入し、印鑑を押すということが一般的ですが、「名前を記入する」「印鑑を押す」という行為についてそれぞれ法的効力が異なってきますので、注意が必要です。

▼「署名」と「記名」の違い

「署名」とは、契約の責任を明確にするために本人の氏名を記載する行為または記載された筆跡のことを指します。直筆である必要があり、印鑑の捺印がなくても法的効力を生じます。

「記名」とは、契約の責任を明確にするために直筆以外の方法（他人記入、印刷、ゴム印など）で氏名を記入することを指します。記名だけでは法的な効力を生じません。

▼契約への「署名」「記名捺印」

契約書を作成して契約を締結する場合、契約の当事者双方が契約書に「署名」を行う必要があります。また、商法において「事業者（商法の適用を受ける者＝株式会社など）」が「署名」をなすべきとされている場合については、「記名捺印」をもって「署名」に代えることが認められています（商法第32条）。

また、当事者が個人の場合は、「署名」または「署名捺印」が必要であり、「記名捺印」では、法的効力が生じないので注意が必要です。

その他、当事者が会社の場合、捺印権限のない社員の署名や記名捺印は「社員が権限以外の行為を為した」として法的効力を否定される可能性があるため、可能な限り役職者の署名または記名捺印をしてもらうように注意が必要です。

▼印鑑の種類

契約書への捺印には、「実印（印鑑証明書の交付を受けている印章）」を用いることが一般的ですが、認印（実印以外の印章）であっても法的効力については「実印」と何らかわりはなく、企業は「記名捺印」に用いるのは認印であることが殆どです。

実印と認印との違いは、実印の場合のほうが、当事者による捺印であることの証明力が高くなるという点です。

契約条項について

条項は、どのような場合にどちらの当事者がどのような権利を有するか、またはどちらの当事者にどのような義務を負わせるかを明確にすることが基本です。

使用許諾に伴い想定される一定の問題に対して、当事者同士で一定の権利と義務の分配を定めるのが、条項ということになりますので、当事者双方で考えられる問題を想定してまとめる事が条項を規定するポイントとなります。

知的財産権の使用許諾契約における条項についてポイントとして挙げられるのは左記の点であると考えます。

- 当事者が誰か？
- 契約を締結する目的は何か？
- 使用を許諾する権利（保護したい権利）対象は何か？
- 定義すべき条項はないか？
- 許諾の条件は何か？
  ⇒許諾の対価、許諾期間、許諾地域、その他の条件（どのような使用を許諾するか）、禁止事項、義務事項
- 許諾することができる権原についての表明・保証について
  ⇒自らが権利者であることの証明と、その権利を使用できることの保証
- 条件違反による契約解除、損害賠償について（リスクヘッジ）
- 協議・管轄裁判所について

契約書の重要性

企業法務における契約書の作成において最も注意する点は、取引過程において揉め事になりそうな点を想定し、その際にどのように解決するかが、きちんと取り決められているかという点になります（リスクマネージメント）。

これは企業に限らず、個人であっても同じであり、そのような点について予め取決めがなされているから、当事者同士がお互いに安心して取引できるという事に繋がります。

契約対象により契約の条項については様々であり、標準的なフォーマットにそって契約書を作成することは困難ですが、前記で挙げましたポイントを抑えるだけでも、契約書を締結する目的などが整理できると思います。

これまであげてきたポイントを押えたうえで、弁護士などの専門家に相談すれば、より良い契約書を完成することもできますので、これらを参考にしていただき、ワークショップにおける知的財産が保護・利用されることに繋がればと思います。

Check list ✓

ワークショップにかかわる人が
それぞれの立場で考えておきたい知的財産権の中で、
著作権について配慮または確認したい項目などをあげました。

職員・社員	□ 何が著作物となるか □ 職務著作となるのか ＜ワークショップにおける著作物の著作権の帰属＞ 　□ 自己への帰属　□ 所属団体（企業）への帰属 　□ その他のプレーヤーへの帰属 　□ 共同著作物か　□ 集合著作物か □ 著作物に関する実施後の利用についての著作権者間の取り決め ＜ワークショップにおける著作物に関する著作隣接権の帰属＞ 　□ 実演家との取り決め（契約） 　□こどもたちやその他の参加者などが実演家となる場合の取り決め（契約） ＜ワークショップにかかわっている人以外の著作物の著作権を侵害していないか＞ 　□ とくに市販のCDやDVDなどを使用する場合 　□ ワークショップ中に他人の絵や著作物を使用する場合 □ 参加するこどもたちの肖像権に関する許諾、プライバシーの保護 □ アイデアやノウハウを誰が出し、それらは今後どのように活用されることができるかの取り決め（契約）
アーティスト	□ 何が著作物となるか ＜ワークショップにおける著作物の著作権の帰属＞ 　□ 自己への帰属　□ その他のプレーヤーへの帰属 　□ 共同著作物か　□ 集合著作物か □ 実演する場合は、その実演に関する権利（著作隣接権）の帰属 □ 提供したノウハウやアイデアの今後の利用についての取り決め （著作権法には規定がないため重要）
コーディネーター プランナー	・基本的に職員・社員の項目と同様
教師	□ 職務著作となるか
参加するこどもたち	□ 参加することだけでも著作権が発生するのか □ 自己の著作物が発生した場合、その著作物の今後の扱い □ 肖像権やプライバシー権

「知的財産基本法」と「著作権法」から、関係すると思われる部分をピックアップしましたので、参考にして下さい。

なお、実際に法律と照らし合わせる必要がある場合には、ここに掲載した前後にも重要な条文がありますので、きちんと原文を確認することをおすすめします。

【知的財産基本法】

●第一条

この法律は、内外の社会経済情勢の変化に伴い、我が国産業の国際競争力の強化を図ることの必要性が増大している状況にかんがみ、新たな知的財産の創造及びその効果的な活用による付加価値の創出を基軸とする活力ある経済社会を実現するため、知的財産の創造、保護及び活用に関し、基本理念及びその実現を図るために基本となる事項を定め、国、地方公共団体、大学等及び事業者の責務を明らかにし、並びに知的財産の創造、保護及び活用に関する推進計画の作成について定めるとともに、知的財産戦略本部を設置することにより、知的財産の創造、保護及び活用に関する施策を集中的かつ計画的に推進することを目的とする。

●第二条

この法律で「知的財産」とは、発明、考案、植物の新品種、意匠、著作物その他の人間の創造的活動により生み出されるもの（発見又は解明がされた自然の法則又は現象であって、産業上の利用可能性があるものを含む。）、商標、商号その他事業活動に用いられる商品又は役務を表示するもの及び営業秘密その他の事業活動に有用な技術上又は営業上の情報をいう。

2　この法律で「知的財産権」とは、特許権、実用新案権、育成者権、意匠権、著作権、商標権その他の知的財産に関して法令により定められた権利又は法律上保護される利益に係る権利をいう。

●第三条

知的財産の創造、保護及び活用に関する施策の推進は、創造力の豊かな人材が育成され、その創造力が十分に発揮され、技術革新の進展にも対応した知的財産の国内及び国外における迅速かつ適正な保護が図られ、並びに経済社会において知的財産が積極的に活用されつつ、その価値が最大限に発揮されるために必要な環境の整備を行うことにより、広く国民が知的財産の恵沢を享受できる社会を実現するとともに、将来にわたり新たな知的財産の創造がなされる基盤を確立し、もって国民経済の健全な発展及び豊かな文化の創造に寄与するものとなることを旨として、行われなければならない。

●第四条
知的財産の創造、保護及び活用に関する施策の推進は、創造性のある研究及び開発の成果の円滑な企業化を図り、知的財産を基軸とする新たな事業分野の開拓並びに経営の革新及び創業を促進することにより、我が国産業の技術力の強化及び活力の再生、地域における経済の活性化、並びに就業機会の増大をもたらし、もって我が国産業の国際競争力の強化及び内外の経済的環境の変化に的確に対応した我が国産業の持続的な発展に寄与するものとなることを旨として、行われなければならない。

●第十条
知的財産の保護及び活用に関する施策を推進するに当たっては、その公正な利用及び公共の利益の確保に留意するとともに、公正かつ自由な競争の促進が図られるよう配慮するものとする。

●第十八条
国は、生命科学その他技術革新の進展が著しい分野における研究開発の有用な成果を知的財産権として迅速かつ適正に保護することにより、活発な起業化等を通じて新たな事業の創出が期待されることにかんがみ、適正に保護すべき権利の範囲に関する検討の結果を踏まえつつ、法制上の措置その他必要な措置を講ずるものとする。

2　国は、インターネットの普及その他社会経済情勢の変化に伴う知的財産の利用方法の多様化に的確に対応した知的財産権の適正な保護が図られるよう、権利の内容の見直し、事業者の技術的保護手段の開発及び利用に対する支援その他必要な施策を講ずるものとする。

●第十九条
国は、事業者が知的財産を活用した新たな事業の創出及び当該事業の円滑な実施を図ることができるよう、知的財産の適正な評価方法の確立、事業者に参考となるべき経営上の指針の策定その他事業者が知的財産を有効かつ適正に活用することができる環境の整備に必要な施策を講ずるものとする。

●第二十一条
国は、国民が広く知的財産に対する理解と関心を深めることにより、知的財産権が尊重される社会を実現できるよう、知的財産に関する教育及び学習の振興並びに広報活動等を通じた知的財産に関する知識の普及のために必要な施策を講ずるものとする。

【著作権法】（2007年3月現在・2007年7月1日施行分を含む）

目的

●第一条
この法律は、著作物並びに実演、レコード、放送及び有線放送に関し著作者の権利及びこれに隣接する権利を定め、これらの文化的所産の公正な利用に留意しつつ、著作者等の権利の保護を図り、もつて文化の発展に寄与することを目的とする。

著作者とは

●第二条
この法律において、次の各号に掲げる用語の意義は、当該各号に定めるところによる。
二　著作者　著作物を創作する者をいう。

●第十五条
法人その他使用者（以下この条において「法人等」という。）の発意に基づきその法人等の業務に従事する者が職務上作成する著作物（プログラムの著作物を除く。）で、その法人等が自己の著作の名義の下に公表するものの著作者は、その作成の時における契約、勤務規則その他に別段の定めがない限り、その法人等とする。

2　法人等の発意に基づきその法人等の業務に従事する者が職務上作成するプログラムの著作物の著作者は、その作成の時における契約、勤務規則その他に別段の定めがない限り、その法人等とする。

著作物とは

●第二条
この法律において、次の各号に掲げる用語の意義は、当該各号に定めるところによる。
一　著作物　思想又は感情を創作的に表現したものであつて、文芸、学術、美術又は音楽の範囲に属するものをいう。
十一　二次的著作物　著作物を翻訳し、編曲し、若しくは変形し、又は脚色し、映画化し、その他翻案することにより創作した著作物をいう。
十二　共同著作物　二人以上の者が共同して創作した著作物であつて、その各人の寄与を分離して個別的に利用することができないものをいう。

●第十条
この法律にいう著作物を例示すると、おおむね次のとおりである。
一　小説、脚本、論文、講演その他の言語の著作物
二　音楽の著作物

三　舞踊又は無言劇の著作物
四　絵画、版画、彫刻その他の美術の著作物
五　建築の著作物
六　地図又は学術的な性質を有する図面、図表、模型その他の図形の著作物
七　映画の著作物
八　写真の著作物
九　プログラムの著作物

著作者の権利

●第十七条
著作者は、次条第一項、第十九条第一項及び第二十条第一項に規定する権利（以下「著作者人格権」という。）並びに第二十一条から第二十八条までに規定する権利（以下「著作権」という。）を享有する。

●第十八条
著作者は、その著作物でまだ公表されていないもの（その同意を得ないで公表された著作物を含む。以下この条において同じ。）を公衆に提供し、又は提示する権利を有する。当該著作物を原著作物とする二次的著作物についても、同様とする。

●第十九条
著作者は、その著作物の原作品に、又はその著作物の公衆への提供若しくは提示に際し、その実名若しくは変名を著作者名として表示し、又は著作者名を表示しないこととする権利を有する。その著作物を原著作物とする二次的著作物の公衆への提供又は提示に際しての原著作物の著作者名の表示についても、同様とする。

●第二十条
著作者は、その著作物及びその題号の同一性を保持する権利を有し、その意に反してこれらの変更、切除その他の改変を受けないものとする。

●第二十一条
著作者は、その著作物を複製する権利を専有する。

●第二十二条
著作者は、その著作物を、公衆に直接見せ又は聞かせることを目的として（以下「公に」という。）上演し、又は演奏する権利を専有する。

●第二十二条の二
著作者は、その著作物を公に上映する権利を専有する。

●第二十三条
著作者は、その著作物について、公衆送信（自動公衆送信の場合にあつては、送信可能化を含む。）を行う権利を専有する。

著作者は、公衆送信されるその著作物を受信装置を用いて公に伝達する権利を専有する。

●第二十四条

著作者は、その言語の著作物を公に口述する権利を専有する。

●第二十五条

著作者は、その美術の著作物又はまだ発行されていない写真の著作物をこれらの原作品により公に展示する権利を専有する。

●第二十六条

著作者は、その映画の著作物をその複製物により頒布する権利を専有する。

●第二十六条の二

著作者は、その著作物（映画の著作物を除く。以下この条において同じ。）をその原作品又は複製物（映画の著作物において複製されている著作物にあつては、当該映画の著作物の複製物を除く。以下この条において同じ。）の譲渡により公衆に提供する権利を専有する。

●第二十六条の三

著作者は、その著作物（映画の著作物を除く。）をその複製物（映画の著作物において複製されている著作物にあつては、当該映画の著作物の複製物を除く。）の貸与により公衆に提供する権利を専有する。

●第二十七条

著作者は、その著作物を翻訳し、編曲し、若しくは変形し、又は脚色し、映画化し、その他翻案する権利を専有する。

●第二十八条

二次的著作物の原著作物の著作者は、当該二次的著作物の利用に関し、この款に規定する権利で当該二次的著作物の著作者が有するものと同一の種類の権利を専有する。

著作者の権利制限

●第三十条

著作権の目的となつている著作物（以下この款において単に「著作物」という。）は、個人的に又は家庭内その他これに準ずる限られた範囲内において使用すること（以下「私的使用」という。）を目的とするときは、次に掲げる場合を除き、その使用する者が複製することができる。

●第三十一条

図書、記録その他の資料を公衆の利用に供することを目的とする図書館その他の施設で政令で定めるもの（以下この条において「図書館等」という。）においては、次に掲げる場合には、その営利を目的としない事業として、図書館等の図書、記録その他の資料（以下この条において「図書館資料」という。）を用いて著作物を複製することができる。

第三十二条
公表された著作物は、引用して利用することができる。この場合において、その引用は、公正な慣行に合致するものであり、かつ、報道、批評、研究その他の引用の目的上正当な範囲内で行なわれるものでなければならない。

第三十三条
公表された著作物は、学校教育の目的上必要と認められる限度において、教科用図書（小学校、中学校、高等学校又は中等教育学校その他これらに準ずる学校における教育の用に供される児童用又は生徒用の図書であつて、文部科学大臣の検定を経たもの又は文部科学省が著作の名義を有するものをいう。次条において同じ。）に掲載することができる。

第三十五条
学校その他の教育機関（営利を目的として設置されているものを除く。）において教育を担任する者及び授業を受ける者は、その授業の過程における使用に供することを目的とする場合には、必要と認められる限度において、公表された著作物を複製することができる。ただし、当該著作物の種類及び用途並びにその複製の部数及び態様に照らし著作権者の利益を不当に害することとなる場合は、この限りでない。

第三十八条
公表された著作物は、営利を目的とせず、かつ、聴衆又は観衆から料金（いずれの名義をもつてするかを問わず、著作物の提供又は提示につき受ける対価をいう。以下この条において同じ。）を受けない場合には、公に上演し、演奏し、上映し、又は口述することができる。ただし、当該上演、演奏、上映又は口述について実演家又は口述を行う者に対し報酬が支払われる場合は、この限りでない。

第四十七条
美術の著作物又は写真の著作物の原作品により、第二十五条に規定する権利を害することなく、これらの著作物を公に展示する者は、観覧者のためにこれらの著作物の解説又は紹介をすることを目的とする小冊子にこれらの著作物を掲載することができる。

ライセンス

第六十一条
著作権は、その全部又は一部を譲渡することができる。

第六十三条
著作権者は、他人に対し、その著作物の利用を許諾することができる。

●第六十四条
共同著作物の著作者人格権は、著作者全員の合意によらなければ、行使することができない。
3　共同著作物の著作者は、そのうちからその著作者人格権を代表して行使する者を定めることができる。

●第六十五条
共同著作物の著作権その他共有に係る著作権（以下この条において「共有著作権」という。）については、各共有者は、他の共有者の同意を得なければ、その持分を譲渡し、又は質権の目的とすることができない。
2　共有著作権は、その共有者全員の合意によらなければ、行使することができない。

著作隣接権

●第八十九条
実演家は、第九十条の二第一項及び第九十条の三第一項に規定する権利（以下「実演家人格権」という。）並びに第九十一条第一項、第九十二条第一項、第九十二条の二第一項、第九十五条の二第一項及び第九十五条の三第一項に規定する権利並びに第九十四条の二及び第九十五条の三第三項に規定する報酬並びに第九十五条第一項に規定する二次使用料を受ける権利を享有する。
2　レコード製作者は、第九十六条、第九十六条の二、第九十七条の二第一項及び第九十七条の三第一項に規定する権利並びに第九十七条第一項に規定する二次使用料第九十四条の二及び第九十五条の三第三項に規定する報酬並びに報酬を受ける権利を享有する。
3　放送事業者は、第九十八条から第百条までに規定する権利を享有する。
4　有線放送事業者は、第百条の二から第百条の五までに規定する権利を享有する。
5　前各項の権利の享有には、いかなる方式の履行をも要しない。
6　第一項から第四項までの権利（実演家人格権並びに第一項及び第二項の報酬及び二次使用料を受ける権利を除く。）は、著作隣接権という。

●第九十条の二
実演家は、その実演の公衆への提供又は提示に際し、その氏名若しくはその芸名その他氏名に代えて用いられるものを実演家名として表示し、又は実演家名を表示しないこととする権利を有する。

●第九十条の三
実演家は、その実演の同一性を保持する権利を有し、自己の名誉または声望を害するその実演の変更、切除その他の改変を受けないものとする。

●第九十一条
実演家は、その実演を録音し、又は録画する権利を専有する。

●第九十二条
実演家は、その実演を放送し、又は有線放送する権利を専有する。

●第九十二条の二
実演家は、その実演を送信可能化する権利を専有する。

●第九十三条
実演の放送について第九十二条第一項に規定する権利を有する者の許諾を得た放送事業者は、その実演を放送のために録音し、又は録画することができる。ただし、契約に別段の定めがある場合及び当該許諾に係る放送番組に使用する目的で録音し、又は録画する場合は、この限りでない。

●第九十五条の二
実演家は、その実演をその録音物又は録画物の譲渡により公衆に提供する権利を専有する。

●第九十五条の三
実演家は、その実演をそれが録音されている商業用レコードの貸与により公衆に提供する権利を専有する。

権利侵害

●第百十二条
著作者、著作権者、出版権者、実演家又は著作隣接権者は、その著作者人格権、著作権、出版権、実演家人格権又は著作隣接権を侵害する者又は侵害するおそれがある者に対し、その侵害の停止又は予防を請求することができる。

●第百十七条
共同著作物の各著作者又は各著作権者は、他の著作者又は他の著作権者の同意を得ないで、第百十二条の規定による請求又はその著作権の侵害に係る自己の持分に対する損害の賠償の請求若しくは自己の持分に応じた不当利得の返還の請求をすることができる。

●関連団体

文化庁長官官房著作権課　所管官庁
100-8959　東京都千代田区丸の内2-5-1
文部科学省ビル3階
T：03-5253-4111　F：03-6734-3813
http://www.bunka.go.jp/1tyosaku

社団法人著作権情報センター（CRIC）　著作権全般
163-1411　東京都新宿区西新宿3-20-2
東京オペラシティタワー11階
T：03-5353-6921　F：03-5353-6920
http://www.cric.or.jp

独立行政法人メディア教育開発センター（NIME）
教育著作権情報・教育現場での利用等
261-0014　千葉県千葉市美浜区若葉2-12
T：043-276-1111　F：043-298-3472
http://www.nime.ac.jp

有限責任中間法人学術著作権協会（JAACC）　学術研究
107-0052　東京都港区赤坂9-6-41乃木坂ビル3階
T：03-3475-5618　F：03-3475-5619
http://www.jaacc.jp

社団法人日本書籍出版協会　出版物・雑誌
162-0828　東京都新宿区袋町６番地日本出版会館
T：03-3268-1302　F：03-3268-1196
http://www.jbpa.or.jp

社団法人日本雑誌協会　出版物・雑誌
101-0062　東京都千代田区神田駿河台1-7
T：03-3291-0775　F：03-3293-6239
http://www.j-magazine.or.jp

社団法人日本複写権センター（JRRC）　出版物の複写
107-0061　東京都港区北青山3-3-7第一青山ビル3階
T：03-3401-2382　F：03-3401-2386
http://www.jrrc.or.jp

社団法人日本音楽著作権協会（JASRAC）　音楽
151-8540　東京都渋谷区上原3-6-12
T：03-3481-2121　F：03-3481-2150
http://www.jasrac.or.jp

社団法人日本レコード協会　レコード・CD
107-0061　東京都港区北青山2-12-16
北青山吉川ビル11階
T：03-6406-0510　F：03-6406-0520
http://www.riaj.or.jp

社団法人日本美術家連盟（JAA）　美術作品
104-0061　東京都中央区銀座3-10-19美術家会館5階
T：03-3542-2581　F：03-3545-8429
http://www.jaa-iaa.or.jp

特定非営利活動法人日本文藝著作権センター　小説・脚本
102-8559　東京都千代田区紀尾井町3-23
文藝春秋ビル新館7階
T：03-3265-6630　F：03-5213-5672
http://www.bungeicenter.jp

協同組合日本脚本家連盟　小説・脚本
106-0032　東京都港区六本木6-1-20
六本木電気ビル8階
T：03-3401-2304　F：03-3401-7255
http://www.writersguild.or.jp

協同組合日本シナリオ作家協会　小説・脚本
107-0052　東京都港区赤坂5-4-16　シナリオ会館
T：03-3584-1901　F：03-3584-1902
http://www.j-writersguild.org

日本放送協会（NHK）著作権センター　放送
105-8001　東京都渋谷区神南2-2-1
T：03-3465-1111　F：03-3481-1803
http://www.nhk.or.jp

社団法人日本民間放送連盟　放送
〒102-8577　東京都千代田区紀尾井町3-23
T：03-5213-7711
http://www.nab.or.jp

社団法人映像文化製作者連盟　映像
103-0022　東京都中央区日本橋室町4-2-9
三徳日本橋ビル6階
T：03-3279-0236　F：03-3279-0238
http://www.eibunren.or.jp

社団法人日本映像ソフト協会（JVA）　映像
104-0045　東京都中央区築地2-12-10
築地MFビル26号館
T：03-3542-4433　F：03-3542-2535
http://www.jva-net.or.jp

有限責任中間法人日本写真著作権協会（JPCA）　写真
102-0082　東京都千代田区一番町25JCIIビル304
T：03-3221-6655　F：03-3221-6655
http://www.jpca.gr.jp

社団法人日本グラフィックデザイナー協会（JAGDA）
デザイン
107-6205　東京都港区赤坂9-7-1ミッドタウン・タワー5F
T：03-3404-2557　F：03-3404-2554
http://www.jagda.org

社団法人日本芸能実演家団体協議会（芸団協）・実演家著作隣接権センター（CPRA）　実演
163-1466　東京都新宿区西新宿3-20-2
東京オペラシティタワー11階
T：03-3379-3571　F：03-3379-3589
http://www.cpra.jp

社団法人コンピューターソフトウエア著作権協会（ACCS）
コンピュターソフトウェア
112-0012　東京都文京区大塚5-40-18
友成フォーサイトビル5階
T：03-5976-5175　F：03-5976-5177
http://www2.accsjp.or.jp

財団法人　ソフトウェア情報センター（SOFTIC）
コンピュターソフトウェア
105-0001　東京都港区虎ノ門5-1-4東都ビル4階
T：03-3437-3071　F：03-3437-3398
http://www.softic.or.jp

特定非営利活動法人肖像パブリシティ権擁護監視機構（JAPRPO）　肖像権
160-0004　東京都新宿区四谷4-28大木戸ビル
株式会社クリエーティブハウス・サン内
T：03-3226-0984　F：03-3226-0984
http://www.japrpo.or.jp

●知的財産権や著作権に関する本

知的財産権や著作権の全体像がわかりやすく解説されているものと、ワークショップの知財を考える上で参考になると思われる書籍をピックアップしました。

『著作権とは何か—文化と創造のゆくえ』
福井健策著
集英社　2005

『ライブ・エンタテインメントの著作権』
福井健策・二関辰郎共著　福井健策編
社団法人著作権情報センター（CRIC）　2006

『FREE CULTURE』
ローレンス・レッシグ著
山形浩生・守岡　桜共訳
翔泳社　2004

『クリエイティブ・コモンズ　デジタル時代の知的財産権』
ローレンス・レッシグ著
林　紘一郎・椙山敬士・若槻絵美・上村圭介・土屋大洋共訳
クリエイティブ゛・コモンズジャパン
NTT出版　2005

『知財革命』
荒井寿光著
角川書店　2006

『教師のための著作権法入門』
作花文雄著
ぎょうせい　1995

『詳解著作権法』
作花文雄著
ぎょうせい　2004

●ワークショップに関する本

ワークショップについて知りたい、あるいは企画運営したいという方向けのワークショップの基本的な考え方やノウハウがわかりやすく書かれている書籍をピックアップしました。

『ワークショップ—新しい学びと創造の場—』
中野民夫著
岩波書店　2001

『ワークショップ実践研究』
高橋陽一監修　杉山貴洋編集
武蔵野美術大学出版局　2004

『参加型ワークショップ入門』
ロバート・チェンバース著　野田直人監訳
明石書店　2004

『ワークショップガイド』
浅野 誠著
アクアコーラル企画　2006

『ワークショップ　偶然をデザインする技術』
中西紹一編著
紫牟田伸子・松田朋春・宮脇靖典共著
宣伝会議　2006

●参考URL

誰にでもできる著作権契約マニュアル　http://www.bunka.go.jp/1tyosaku/keiyaku_manual
知的財産戦略本部　http://www.kantei.go.jp/jp/singi/titeki2
知的財産戦略推進事務局　http://www.ipr.go.jp

Index

注釈のさくいんです

ワークショップ知財研究会メンバー紹介

●ゲスト　○オブザーバー　■座長　□事務局

福井 健策　Fukui Kensaku ●

弁護士・ニューヨーク州弁護士

東京大学法学部卒業。93年弁護士登録（第二東京弁護士会）。米国コロンビア大学修士課程修了（セゾン文化財団スカラシップ）。03年骨董通り法律事務所For the Artsを設立。06年経済産業省「映像コンテンツ制作の委託取引に関する調査研究」、文化庁「次世代ネットワーク社会における著作権制度のあり方に関する調査研究」ほか委員など。専門分野は芸術文化法、著作権法。著書に『ライブ・エンタテインメントの著作権』（編・共著、社団法人著作権情報センター）、『著作権とは何か―文化と創造のゆくえ』（集英社新書）『新編エンタテインメントの罠アメリカ映画・音楽・演劇ビジネスと契約マニュアル』（編著、すばる舎）ほか。東京大学大学院、東京藝術大学各非常勤講師。

浅野 正樹　Asano Masaki

株式会社ＣＳＫホールディングス
法務部　知的財産管理課

神奈川大学工学部機械工学科卒業。卒業後、自動車開発者を目指して自動車関連企業に勤務するも目的達成できず、友人の勧めもあって特許の世界に足を踏み入れる。特許事務所、特許調査会社を経て、00年にＣＳＫに入社、現在に至る。

石川 敬子　Ishikawa Takako □

株式会社ＣＳＫホールディングス
社会貢献推進室　ＣＡＭＰ普及担当

文教大学文学部卒業。山一證券を経てＣＳＫ入社。01年広報室勤務時にＣＡＭＰと出会い、3年越しの恋を実らせ04年より現職。ＣＡＭＰの広報物を制作するとともに、ファシリテーターとして全国を巡る。満月友の会会長、Ｂ級映画の会理事。

井上理穂子　Inoue Rihoko

慶應義塾大学大学院政策・メディア研究科
後期博士課程在学中

慶應義塾大学環境情報学部卒業、同政策・メディア研究科修士課程修了後、現在に至る。デジタルコンテンツの教育利用とその著作権に関する課題の研究に従事。とくに現在は、映像コンテンツの外国語教育利用について研究を進めている。著書に、『現代社会と著作権法 デジタルネットワーク社会の知的財産権』（共著、慶應大学出版会）など。

大月ヒロ子　Ohtsuki Hiroko ■

有限会社イデア　代表取締役

武蔵野美術大学卒業。板橋区立美術館学芸員を経て、89年イデア設立。http://www.idea-inc.jp 99〜01年大阪府立大型児童館の総合プロデューサーのほか、近年は九州国立博物館「あじっぱ」開設時の総合プロデュース、キッズスペースデザイン、海外における日本企業のＣＳＲとしてのワークショップ開発なども手がける。

貝ノ瀬 滋 Kainose Shigeru

三鷹市教育長

中央大学卒業。電気通信大学情報システム学研究科博士課程在学。東京都内小学校教諭、東久留米市教育委員会、都立教育研究所、東大和市教育委員会、三鷹市立第四小学校校長などを経て現職。著書に『市民が考えた不登校問題―子どもの心の叫びに答える―』（共著、教育出版）、『子ども・学校・地域をつなぐコミュニティスクール』（共著、学事出版）ほか。

北川 美宏 Kitagawa Yoshihiro

株式会社CSKホールディングス
社会貢献推進室 大川センター長

大阪大学工学部環境工学科卒業。85年コンピュータサービス（現CSKホールディングス）入社。CSK総合研究所、国際電気通信基礎技術研究所に出向し研究技術職として職歴を重ねた後、01年大川センター設立とともにCSKへ復帰し現職。今はCAMP一色な毎日。

下村 一 Shimomura Hajime

こどもの城（財団法人児童育成協会） 企画研修部

東京学芸大学卒業。86年こどもの城体育事業部、93年に企画部に異動、現職に至る。児童館活動の啓発事業「動くこどもの城」の事務局担当。ほかにも、企画展「コマガタ・ワールド」、絵本の読み語り公演「おはなしコンサート」、「ダイアログ・イン・ザ・ダーク ～子どものためのワークショップ～」など幅広いプログラムに取り組んでいる。

杉田 定大 Sugita Sadahiro

内閣官房知的財産戦略推進事務局内閣参事官
早稲田大学客員教授

一橋大学経済学部卒業後、通商産業省へ。経済協力、FTA、中小企業政策、地域開発政策、流通政策などに従事。著書に『官製市場」改革』（日本経済新聞社）、『概説 市場化テスト』（NTT出版）、『21世紀の行政モデル日本版PPP（公共サービスの民間開放）』（編著、東京リーガルマインド）、『日本版PFIガイドブック』（編著、日刊工業新聞社）、など多数。

田村 拓 Tamura Taku

株式会社CSKホールディングス 執行役員
株式会社CSK-IS 取締役副社長

東京大学経済学部、ニューヨーク大学スターン経営大学院卒業。NTT、NTTデータを経てCSK入社。経営企画、情報戦略企画を担当するとともに、社会貢献推進室長としてCSKグループの社会貢献活動であるCAMPを立ち上げ、展開中。キッズデザイン協議会理事、国際IT財団理事、NPO法人CANVAS評議員。

堤 康彦 Tsutsumi Yasuhiko

特定非営利活動法人芸術家と子どもたち 代表

慶應義塾大学経済学部卒業。87年から東京ガス㈱に10年間勤務。その間、ホールやギャラリーの運営に携わり、舞台公演や展覧会を数多くプロデュース。その後、芸術普及NPOや大阪府立大型児童館の勤務を経て、99年に独立、01年に法人設立、現職に。学校教育と地域（まち）という2つのフィールドで子どもにかかわる事業を展開する。

寺島 洋子 Terashima Yoko

国立西洋美術館 主任研究員

東京芸術大学大学院修了。東京国立博物館を経て、94年より国立西洋美術館に勤務。教育普及の専門研究員として、同館の教育プログラムを担当。99年より1年間、文部科学省在外研究員としてアメリカのワシントンDCで美術館教育の調査研究。現在に至る。

橋本 知子 Hashimoto Tomoko

株式会社文化総合研究所
チーフディレクター

千葉大学教育学部卒業。国立歴史民俗博物館を経て株式会社トータルメディア開発研究所に勤務。99年ミュージアムの調査研究を専門とする株式会社展示学研究所に出向、社名変更にともない02年より現職。ミュージアムの教育普及活動やチルドレンズ・ミュージアムに関する調査研究、ワークショップの企画運営・コーディネートなどを手がける。

藤 浩志 Fuji Hiroshi

藤浩志企画制作室 代表
美術家

京都市立芸術大学大学院美術研究科修了後、パプアニューギニア国立芸術学校講師、都市計画コンサルタント勤務を経て藤浩志企画制作室を設立。おもな表現として「ヤセ犬の散歩」「お米のカエル物語」「Vinyl Plastics Connection」「Kaekko」など。

こどものためのワークショップ
　　～その知財はだれのもの？

平成19年3月22日　初版

編　　者／ワークショップ知財研究会（http://www.wschizai.jp）
著　　者／株式会社CSKホールディングス、井上理穂子、大月ヒロ子、
下村一、杉田定大、堤康彦、寺島洋子、橋本知子、福井健策、
藤浩志
企画協力／株式会社CSKホールディングス、有限会社イデア、
株式会社文化総合研究所
発 行 者／横山光衛
発　　行／株式会社アム・プロモーション
〒108-0074　東京都港区高輪2-1-13-205
TEL 03-5449-7033　FAX 03-5449-2023　e-mail um@cia.co.jp
URL http://www.musee-um.co.jp
カバー・本文デザイン／大月ヒロ子（IDEA,INC.）
編集担当／山下治子・針生睦美
編集協力／有限会社パクスワーク
印刷・製本／シーアイエー株式会社

ISBN 978-4-944163-36-6

日本人は爆発しなければならない

復刻増補　日本列島文化論

岡本太郎・泉　靖一　著

岡本太郎、幻の著書とされていた1970年刊行の『日本列島文化論　対話岡本太郎・泉靖一』。初版だけで絶版となっていた本書を脚注や解説、写真などを加えて復刻増補版とした。縄文、メキシコ、沖縄、東北の文化についての丁々発止のやりとりは痛快で、その論は現在でも新鮮な響きをもって読者を魅了するに違いない。万国博覧会の準備のさなかに行われた対談で、その時代背景も読むに興味深い。

定価1,890円　本体1,800円+税　224p　A5判　ISBN4-944163-17-7

歴史展示のメッセージ

歴博国際シンポジウム「歴史展示を考える—民族・戦争・教育」

国立歴史民俗博物館　編著

歴史展示が避けては通れない民族、戦争の問題、そして歴史展示の可能性の鍵を握る教育の問題について深く考察し提言する。歴史展示を考えるうえでかかせない一冊。＜UM Books＞

定価3,150円　本体3,000円+税　354p　A5判　ISBN4-944163-21-2

改訂増補　ミュージアムスタディガイド学習目標と学芸員試験問題

Museum Studies:Self Study Guide

大堀　哲　監修　水嶋　英治　編著

学芸員が何をどのように学べばいいのか。端的にしかも参考書ふうにマネジメントから職業倫理観まで言及する。
第５章～第７章が新たに加わり、内容充実でビジュアルになった本書。さらに、前版にはなかったミュージアムの展示や活動風景などの写真が随所に入りよりわかりやすくなった。＜UM Books＞

定価1,890円　本体1,800円+税　194p　A5判　ISBN4-944163-30-4

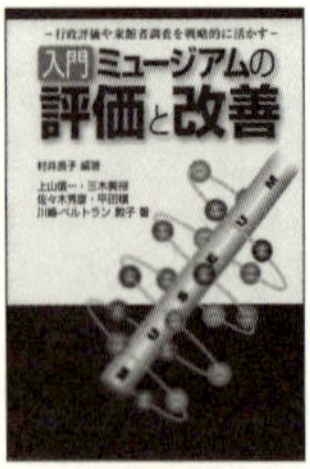

－行政評価や来館者調査を戦略的に活かす－

入門ミュージアムの評価と改善

村井良子　編著　上山信一・川嶋－ベルトラン敦子・佐々木秀彦・平田穣・三木美裕　共著

東京都江戸東京博物館「博物館における評価とスキルアップ講座」（2001年3月15日～17日）のセミナーをもとに、「ミュージアムにおける評価と改善」の現状と全体像を事例や理論、資料も充実させて紹介。博物館評価の最前線に立つ執筆陣が、博物館を評価するための知識や、評価や調査結果の戦略的な活かし方をわかりやすく伝える。市民との相互理解を深める、これからの博物館の必読書！＜UM Books＞

定価1,890円　本体1,800円+税　220p　A5判　ISBN4-944163-23-1

キュレイターからの手紙

アメリカ・ミュージアム事情

三木　美裕　著

在米キュレイターが綴るエッセイ。現場で起こったさまざまな体験やエピソードを紹介し、アメリカのミュージアム事情をわかりやすく伝える。日本のミュージアムファン、そして学芸員・経営に携わる方におすすめの一冊。
＜UM Books＞

定価1,995円　本体1,900円+税　215p　A5判　ISBN4-944163-28-2